서중석의 현대사 이야기 ❹

서중석의 현대사 이야기

서중석 답하다
김덕련 묻고 정리하다

4

4월혁명,
독재자와 맞선 피의 항쟁

오월의봄

일러두기

본문의 추가 보충 설명 원고는 모두 김덕련이 정리했다.

책머리에

1

우리는 21세기에 들어와 극렬한 '역사 전쟁'을 겪고 있다. 역사 전쟁은 한국과 일본 사이에, 또 한국과 중국 사이에 벌어지는 것으로 알고 있는 사람들이 많겠지만, 오히려 한국 사회 내부에서 더 치열하다.

사실 최근에 와서야 비로소 역사 교육이 정상적인 길로 들어서는가 싶었다. 박정희 한 사람만을 위한 1인 유신 체제의 망령인 국정 역사 교과서가 21세기 들어 사라졌고, 가장 중요한데도 공백이나 다름없었던 근현대사 교육이 이루어지면서 한국사 교육이 조금씩 자리를 잡아가고 있었다. 이런 흐름을 따라 이제 극우 반공 체제나 권력의 손아귀에서 벗어나 역사 교육이 학문과 교육 본연의 자세로 조심스럽게 나아가는 듯싶었다.

우리 현대사에는 조금 잘될 듯하다가 물거품이 된 경우가 종종 있다. 역사 교육도 그렇다. 교육의 현장이 순식간에 전쟁터가 된 것이다.

2008년 이명박 정권이 들어서자마자 수구 세력은 오염된 현대사를 재교육하겠다고 나섰다. 과거 중앙정보부 간부, 수구 언론 논설위원 등이 포함된 강사들이 서울을 비롯해 전국 각지로 보내져 학생과 교육계, '사회 지도층'을 상대로 현대사 재교육에 나섰다. 강사라기보다 유세객遊說客이라는 표현이 맞겠지만, 이들 중 현대사 전공자라고 볼 만한 사람은 없었다. 현대사 전공자가 아니면 역사학자도 잘 모를 수밖에 없는 한국 현대사, 특히 해방 전후사를 수구 세력 이데올로기 대변자들한테 맡긴 것이다. 얼마나 다급했으면 그렇게 했을까 싶지만 해프닝이나 다름없었다.

거기까지는 그나마 양호했다. 그해 8월 15일은 공교롭게도 정부 수립 60주년이 되는 날이었는데, 특히 이날을 벼르고 벼르던 세력들이 광복절을 건국절로 명칭을 변경해 기념해야 한다고 나섰다. 일부는 뭐가 뭔지 모르고 가담했겠지만, 그것은 역사 교육의 목표, 국가 기강이나 민족정기를 한순간 뒤집어엎고 혼란에 빠트릴 수 있는 위험천만한 행동이었다. 친일파를 건국 공로자로 만들 수 있는 건국절 행사장에는 참석하지 않겠다고 독립 운동 단체가 단호히 선언하고, 독립 운동가들이 자신들이 받은 서훈을 반납하겠다고 강경히 주장해서 간신히 광복절 기념식을 치를 수 있었다.

가을이 되자 일선 역사 교사들에게 날벼락이 떨어졌다. 지금 쓰는 교과서를 바꾸라고 난리를 친 것이다. 모든 권력을 총동원해서 압력을 가해왔다. 그 전쟁터 한가운데에 서서 교사들은 어떤 사념에 잠겼을까. 역사 교사로서 올바르게 산다는 것이 무엇이라고 생각했을까. 그렇지 않으면 기구한 우리 현대사를 되돌아보았을까.

그로부터 5년 후 박근혜 정권이 등장하자 또다시 역사 전쟁이 벌어졌다. 이번에는 역사 교과서를 둘러싼 전쟁이었다. 2004~2005년부터 구체적인 본색을 드러내고 조직적으로 활동하며 수구 세력 내에서 역사 문제에 대해 강력한 발언권을 확보해온 뉴라이트 계열이 역사 교과서를 만든 것이다.

뉴라이트 계열 역사 교과서는 어이없이 참패했다. 일본 극우들이 2001년에 만든 후쇼샤 교과서보다 더한 참패였다. 일제 침략, 친일파와 독재를 옹호했다고 그 교과서를 맹렬히 비판하던 쪽도 전혀 상상치 못한 결과였다. 그 교과서가 등장하기 몇 달 전부터 수구 언론이 여러 차례 크게 보도해 분위기를 띄우고, 권력이 여러 방법으로 지원을 하는 등 나름대로 총력전을 폈으며, 수구 세력이 지배하는 학교 재단도 있었기 때문에 어느 정도는 채택될지도 모른다고 크게 우려했는데 결과는 딴판이었다.

2

왜 역사 전쟁에서 이승만을 띄우는가. 박정희의 경제 발전 공로는 진보 세력 일부도 인정하기 때문에 이제 이승만만 살리면 다 된다고 보기 때문일까. 그렇지 않다. 근현대 역사에서 너무나 중요한 '비결 아닌 비결'이 거기 내장되어 있기 때문이다.

우리에게는 '역사의 죄인'이 있다. 우리 역사에서 제일 큰 죄인은 누구일까. 우선 친일파, 분단 세력, 독재 협력 세력이 쉽게 떠오를 것이다. 이승만을 존경하는 사람들에는 여러 유형이 있다. 친일파, 분단 세력, 독재 협력 세력이 거기 포함된다. 이들은 이승만을 살리고 나아가 그를 '건국의 아버지' '국부'로 만들어놓을 수만 있으면 '역사의 죄인'에서 벗어날 수 있다고 믿는 것 같다. 나아가 이승만이 국부가 되면 권력이나 사회적 지위, 기득권을 계속 움켜쥘 수 있다고 확신하고 있는 것 같다.

역사 전쟁은 수구 세력이 일으키는 불장난이라는 생각이 들 때가 있다. 60~70년 전 역사를 가지고 지금 아무에게도 득이 되지 않는 소모적인 전쟁을 일으킬 필요가 없기 때문이다. 사실을 왜곡하는 일 없이, 개방 시대에 맞게 그 시대를 폭넓게 이해하도록 가르치면 되는 것이다. 문제는 친일파, 분단 세력, 독재 협력 세력은 그렇게 생각하지 않는다는 데 있다. 자연인으로서 친일파는 생명이 다했지만, 정치적·사회적 친일파는 여전히 강성하다. 그러니 자꾸 문제를 일으킨다. 어두운 과거를 떨치고 새 출발을 할 때 보수주의가 자리 잡을 수 있는데, 비판자들을 마구잡이로 '종북'으로 몰아세우고 대통령 선거에서 NLL로 황당무계한 공격을 하는 데서 알 수 있듯이, 그들은 과거를 떨치지 못하고 독재 권력이 행했던 과거의 수법에 의존하고 있다. 이렇듯 수구 세력이 정치적 생명을 연장하려고 하기 때문에 역사 전쟁이 지겹게도 반복되고 있는 것이다.

우리에게는 '역사의 힘'이 있다. 항일 독립 운동과 반독재 민주화 운동이 줄기차게 계속된 것도, 우리 제헌 헌법에 자유·평등의 독립 운동 정신이 담겨 있는 것도 역사의 힘이다. 우리 국민이 친일파, 분단, 독재를 있어선 안 되는 잘못된 것으로 보는 것도 역사의 힘이다. 막강한 힘의 지원을 받은 역사 교과서가 참패한 것도 그렇다. 2014년에 국무총리 후보가 역사의식 때문에 순식간에 추락한 것도 역사의 힘이 아니고서는 설명하기 어렵다. 그런데도 해방-광복 70주년이 되는 2015년에 들어서자마자 역사 교과서를 국정화하겠다는 소리가 들리고, 수구 언론은 과거처럼 '이승만 위인 만들기'에 노력하고 있다.

진보 세력은 역사의 죄인 혐의에서 자유로울까. 현대사 진실 찾기, 역사 바로 세우기를 방기한 것은 어떻게 설명할 수 있을까. 1980년대에 운동권은 극우 반공 세력의 역사관을 산산조각 냈다고 생각하기도 했지만, 그것은 자만이었다. 현대사 진실 찾기를 방기할 때, 그것은 또 하나의 이데올로기이자 도그마로 경직될 수 있었다. 진보 세력은 수구 세력이 뉴라이트의 도움을 받아 근현대사 쟁점에 나름대로 논리를 세워놨는데도 더 이상 자신을 채찍질하지 않았다.

1980년대에 그렇게 현대사에 열을 올리던 사람들 가운데 몇이나 해방과 광복, 광복절과 건국절의 차이를 설명할 수 있을까. 그들은 단정 운동에 대해서 어느 정도 지식을 가지고 있을까. 이승만이 대한민국을 건국한 국부가 아니고 제헌 국회에서 표결에 의해 선출된 초대 대통령에 지나지 않는다는 것은 또 얼마나 알고 있을까. 한마디로 이승만 건국론이 잘못된 주장이라는 것을 일반 사람들에게 구체적인 사실을 들어 조리 있게 설명해줄 수 있을까. 현대사의 이런저런 문제를 가지고 생각이 다른 사람들과 논전을 벌일 경우 상대방을 얼마나 설득할 수 있을까.

3

나는 역사 전쟁이 싫다. 특히 요즘은 이제 제발 그만두었으면 싶은 마음이 간절하다. 내가 현대사에 관심을 가진 것이 1960년대 중반부터이니, 반세기라는 긴 세월 동안 극우 세력의 억지 주장이나 견강부회와 맞닥트리며 살아온 셈이다. 하지만 어떡하겠나. 숙명이려니

하고 받아들이지 않을 수 없다.

2013년 6월 제자와 지인들 앞에서 퇴임사를 하면서 이런 이야기들을 전했고, 젊은이들이 발분하여 현대사를 공부해줄 것을 거듭 당부했다. 그러고 나서 얼마 후 프레시안 김덕련 기자에게서 현대사 주제들을 여러 차례에 걸쳐 인터뷰하고 싶다는 요청이 왔다. 그다지 부담이 없을 것 같아 응했다. 한국전쟁부터 시작했다.

김덕련 기자는 뉴라이트가 제기한 문제들을 포함해 여러 가지를 예리하게 추궁했다. 당연히 쟁점 중심으로 얘기가 진행됐다. 그런데 곧 출판 제의가 들어왔다. 출판을 한다면 좀 더 체계적으로 인터뷰를 이끌어가야 할 것 같았다. 그래서 이승만 건국 문제, 친일파 문제, 한국전쟁과 이승만 문제, 집단 학살 문제, 5·16쿠데타 평가, 3선 개헌과 유신 체제, 박정희와 경제 발전 문제, 부마항쟁과 10·26과 광주항쟁, 6월항쟁 등 중요 쟁점을 한층 더 깊이 파고들어가기로 했다.

욕심도 생겼다. 이승만에 대해서는 직간접적으로 다룬 여러 저작과 논문이 있지만, 박정희에 대해서는 두세 편의 논문과 일반적인 글이 있을 뿐이었다. 그렇지만 현대사에서 박정희는 18년이라는 커다란 몫을 가지고 있고, 1960~1970년대의 대부분이 포함된 그 18년은 정치적으로나 경제적으로나 대단히 중요한 시기였다. 그 중요한 시기 동안 박정희가 집권했으니, 그 시기를 통사로 한번 써야 하지 않겠느냐는 의무감 비슷한 것이 있었다. 그러던 차에 인터뷰가 책으로 나오게 된다니, 박정희 집권 18년의 전체 상을 박정희 중심으로 살펴보고 싶은 의욕이 생겼다.

해방 직후의 역사도 1980년대에 와서야 연구되었지만, 박정희 시기도 마찬가지였다. 그 당시 한국인의 대다수가 박정희의 창씨 명을 알지 못했고, 심지어 그가 남로당의 프락치였다는 사실조차 모르고 있었다. 적지 않은 사람들이 막 보급되던 TV 화면에 빠지지 않고 등장하는 박정희의 모습을 그의 참모습으로 알고 있었다. 더욱이 1990년대 중반, 특히 IMF사태 이후 박정희 신드롬이 일어나면서 그는 대단한 능력자로 신비화되기도 했다.

나는 박정희가 쿠데타를 일으켰던 그때부터 이미 박정희의 모습을 지켜보았다. 덧칠하지 않은 있는 그대로의 박정희를 볼 수 있었다. 그는 그렇게 특별한 능력이나 지식을 가진 사람이 아니었다. 다만 권력에 대한 집착이 생사를 초월하도록 강했고, 상황을 판단하는 총기가 있었으며, 콤플렉스도 있었고, 색욕이 과했다.

그런데 나는 박정희의 저작, 연설문집, 그에 관한 여러 연구와 글을 들여다보면서 의외로 일제 때의 군인 경험이 그의 일생에 지대한 영향을 미쳤음을 알게 되었다. 유신 체제, 민족적 민주주의-한국적 민주주의, 민족과 주체성 강조 등 '정치 이념'이 해방 이전의 세계관에서 먼 거리에 있지 않았다. 일제 때 군인 정신으로 민족, 주체를 강조하게 되었다는 것이 아주 이상하게 들릴지 모르겠지만, 거기에 박정희의 박정희다운 특성이 있고, 한국 현대사의 일그러진 자화상이 담겨 있다.

김덕련 기자와 인터뷰를 하게 된 것은 행운이다. 그는 대학 시절 국사학과에 재학 중일 때 내 현대사 강의를 들었다고 하는데, 현대사 지식이 풍부하고 문제의식이 날카로웠다. 중요 쟁점도 놓치지 않았고 미묘한 표현도 잘 처리했다. 거기다 금상첨화 격으로 꼼꼼하며 자상하기까지 하다. 김덕련 기자와 나는 이러한 작업에 잘 어울리는 좋은 팀이라고 생각한다. 출판에 대해 자신의 철학을 가지고 있고 공들여 편집하느라 애쓴 오월의봄 박재영 대표에게도 감사드린다.

서중석

차례

4월혁명, 독재자와 맞선 피의 항쟁

연표

2월 15일 민주당 대통령 후보 조병옥 사망

2월 28일 경북고를 비롯한 대구 지역 고등학생들 시위(2·28의거)

3월 8일 대전에서도 고교생 시위 발생

그 후 서울, 부산, 수원 등 다른 지역의 고등학생들도 10~14일에 시위

3월 15일 3·15 부정 선거

제1차 마산의거(정부 수립 이후 최대 규모의 반정부 시위)

마산뿐만 아니라 광주, 진주, 춘천, 포항, 서울에서도 부정 선거 규탄 시위 발생

3월 19일 제1차 마산의거를 야당이 사주한 난동으로 규정

4월 11~13일 김주열의 시신이 떠오른 것을 계기로 제2차 마산의거 발생

4월 13일 이승만, '마산의거 배후는 공산당이라는 혐의가 있다'는 특별 담화 발표

이승만 정권, 대공 3부 합동수사위원회 구성

4월 15일 이승만, 다시 특별 담화를 발표해 마산의거를 폭동으로 비하하고

'공산당이 조종한 혐의가 있다'며 레드 콤플렉스 자극

4월 18일 이승만 정권과 연결된 정치 깡패들, 시위에 나선 고려대생들 습격

4월 19일 서울을 비롯해 전국 곳곳에서 4·19 시위

무차별 발포로 이날 하루에만 123명 사망(피의 화요일)

이승만 정권, 발포 이전 시점으로 소급해 계엄 선포

4월 20일 이승만, 담화를 통해 4·19를 난동으로 규정

4월 23일 장면 부통령 사임

4월 25일 대학 교수단 데모를 계기로 이승만 퇴진 요구하는 대규모 시위 발생

4월 26일 이승만, 하야 발표(승리의 화요일)

4월혁명

항쟁인가 혁명인가
4월혁명에 서린
민주주의 고투 기억해야

4월혁명, 첫 번째 마당

김 덕 련 4월혁명은 한국 현대사의 분수령 중 하나였다. 그런데 이를 가리키는 용어가 매우 다양하다.

서 중 석 4월혁명은 3·1운동, 해방, 6월항쟁과 함께 우리 근현대사에서 제일 중요한 사건 중 하나다. 현행 헌법에도 "3·1운동으로 건립된 대한민국 임시정부의 법통과 불의에 항거한 4·19 민주 이념을 계승하고", 이렇게 돼 있다.

4월혁명이 일어나게 한 1960년 3·15 부정 선거 과정을 보면, 이승만 대통령 그리고 이승만 정권의 전체 상이라고 할까, 그 성격을 총괄적으로 살펴볼 수 있다. 3·15 부정 선거는 단순히 하나의 선거 부정이라기보다는 이승만 정권의 전반적인 성격을 극명히 보여준 사건이다. 4월혁명은 그러한 이승만 정권에 대한 총체적인 결론을 내린 역사적 사건이다. 그만큼 중요하기 때문에 헌법에까지 4월혁명이 들어가 있는 것 아니겠나. 단순한 시위나 의거, 이런 것만 가리키는 것이 아니라, 한 사회를 바꾸고 새로운 시대를 여는 의미를 지니고 있다.

그런데도 4월혁명을 가리키는 용어가 참 다양하다는 것은 그만큼 3·15 부정 선거나 4월혁명에 대한 연구, 학문적인 토론과 논의가 별로 없었다는 걸 이야기해준다. 이렇게 헌법에까지 명시된 중요한 사안이 왜 그렇게 학문적으로 제대로 연구되지 않고, 공동 토론 같은 것이 충분치 않았는지 돌아볼 필요가 있다. 그런 게 별로 없으니까 이렇게 용어를 쓰는 것 자체도 난맥상이 보인다고 할까, 복잡하다고 할까 하는 면이 많다. 그래서 헌법에도 그냥 4·19라고만 돼 있는 것처럼 4·19라고 부르는 경우도 옛날부터 많았고, 또 4·19의거라고도 했고, 또는 4·19학생혁명, 4·19학생운동, 4·19혁명,

4월혁명 당시 모여 있는 시민들. 4월혁명은
3·1운동, 해방, 6월항쟁과 함께 우리
근현대사에서 제일 중요한 사건 중 하나다.
사진 출처: 4·19혁명기념도서관

4월혁명, 4월학생혁명, 또는 3, 4월 항쟁 이렇게 여러 가지로 부른다.

4·19는 의거, 5·16은 혁명?
말도 안 되는 이야기

— 학생이 중요한 역할을 한 것은 사실이다. 그러나 학생을 지나치게 강조하는 것은 적절치 않다고 생각한다. 예컨대 희생자 중 절반 이상이 하층 노동자와 무직자라는 사실은 4월혁명을 학생이라는 틀에 가두는 대신 더 폭넓게 바라볼 필요가 있음을 말해준다. 아울러 의거라는 규정 역시 문제가 있다는 지적도 그간 많지 않았나.

학생 운동이라고 하는 것도 물론 4월혁명을 깎아내리고 격하하는 것이다. 그렇기 때문에 예전에 뉴라이트에서 이걸 학생 운동이라고 했다가 강한 반발을 사고 그러지 않았나.°

그런데 더 문제가 되는 건 의거는 그것의 역사적인 의미, 4월혁명을 통한 중대한 사회적 변화 같은 것을 의미한다기보다는 어떤 분노로 갑자기 들고일어나서 의롭게 싸웠다는 정도의 단순한 의미만 담고 있다는 것이다. 그래서 '역사적 의미를 부여하지 못하고 단순한 의미로 사용되기 때문에 의거라고 하는 건 문제가 있다', 이런

° 뉴라이트 계열의 교과서포럼은 2006년 '4·19는 학생 운동, 5·16은 혁명'이라는 내용을 담은 대안 교과서 시안을 갖고 심포지엄을 열려다 4월혁명 단체 회원들에게 저지됐다. 교과서포럼은 4월혁명 단체의 항의를 받아들여 학생운동 대신 '4·19 민주 혁명'으로 규정하고 5·16은 쿠데타로 표현한 《대안 교과서 한국 근·현대사》를 2008년 출간했다.

얘기를 했었다. 5·16쿠데타 이전에도, '의거라고 부르는 것은 문제가 있지 않느냐'는 이야기가 있었다.

5·16 군부 쿠데타가 일어난 후에 때로는 4·19혁명이라고 쓰지 않은 건 아니다. 그러나 제3공화국 헌법을 보면 "3·1운동의 숭고한 독립 정신을 계승하고 4·19의거와 5·16혁명의 이념에 입각하여", 이렇게 4·19는 의거라고 딱 못을 박고 자기들이 일으킨 쿠데타는 5·16혁명이라고 아주 높이 평가했다. 혁명이란 건 중요한 결단에 의해 사회가 크게 바뀐다는 뜻으로 그 당시에 사용됐다고 볼 수 있다. 그런데 4·19는 의거로 하고 자기들이 쿠데타를 일으킨 것은 5·16혁명이다, 이렇게 못을 박은 건 참 말이 안 되는 것이다. 역사 교과서라든가 방송 등에서 의거라고 부르도록 해서 5·16쿠데타 이후엔 상당히 오랫동안 의거라고 많이 불렸다.

— 5·16쿠데타를 혁명이라고 규정하면 박정희 전 대통령은 위대한 혁명가로 자연스레 자리매김하게 된다. 이는 일각의 박정희 숭배 움직임과 맞닿아 있다. 다시 4월혁명 문제를 짚으면, 이를 혁명이라고 볼 수 있는지에 대해서도 의견이 엇갈리지 않나.

이야기한 것처럼 의거에는 역사적 의미가 약하고 자연 발생적인 의미, 일시적인 분노의 표현이라는 의미가 다분히 들어 있다. 그런데 또 이게 혁명이 맞느냐, 이 부분에 대해선 4·19 직후부터 논쟁이 있었다.

대표적인 것이 정치학자 이종률의 주장이다. 이 사람은 4월혁명기의 대표적인 논객으로, 진보적 정치 이념을 이끌어가는 데 제일 중요한 역할을 한 사람 중 한 분이었다. 이분이 그해 6월, 그러니까 4·19 난 지 불과 두 달쯤 후에 이일구라는 가명으로 짤막한 책을 하나 썼다. 이분이 이 책에서 그것을 문제 삼았다. '이것을 혁명으로 보아야 하는가. 난 그렇게 볼 수 없다. 항쟁이라고 보는 게 맞다.' 왜 그런가에 대해 이렇게 밝히고 있다. '혁명이라고 하면 생산 수단의 소유 관계와 관련된 사회적 경제의 영유권이 갑의 세력에서 을의 세력으로 넘어가는 변화'라는 것이다. 그 당시에는 지배자, 피지배자 같은 말을 쓰기 어려웠기 때문에 갑의 세력, 을의 세력이라는 말을 쓴 것 같다. 그러니까 프랑스대혁명도 정치적인 변화와 함께 토지 문제 같은 걸 포함해서 경제적인 큰 변화를 수반하지 않았나. 그리고 러시아혁명이 그 대표적인 사례 아닌가. 그런 정도만이 혁명이라고 이분은 봤다.

이게 사실은 정통적인 견해라고 볼 수도 있다. 이 사람은 '이건 3, 4월 민족 항쟁으로 봐야 한다. 반독재와 민족 자주를 혁명적으로 한 단계 높이기는 했지만 그것을 성취하지는 못했기 때문에 혁명이라고 볼 수가 없고 혁명 전 단계에 도달한 것으로 봐야 한다. 그래서 3, 4월 민족 항쟁이라고 부르는 게 맞다'고 봤다. 이 양반은 민족 자주를 아주 중시했다. 그래서도 4월혁명기의 대표적인 이론가가 된 것이다.[*]

—— 다른 이들은 어떻게 보았나.

이 시기는 물론 그 이후에도 많은 활동을 하는 박현채 교수, 그

---

[*] 이종률은 이 시기를 대표하는 통일 운동 단체 중 하나인 민족자주통일협의회(민자통)의 이론가였고, 혁신계 신문인 민족일보에서도 활동했다.

4월혁명 당시 이승만 대통령의 하야 소식을 듣고 환호하는 시민들. 4월혁명은 5·18과 함께 민주
주의의 고투의 한가운데에 있었다. 사진 출처: 4·19혁명기념도서관

리고 백낙청 교수 같은 분들은 4월혁명을 '미완의 혁명'이라고 불렀
다. 박현채 선생은 그걸 논리적으로 주장하는 글을 여러 곳에 썼다.

　예컨대, 왜 미완의 혁명이라고 보느냐에 대해 '민주주의와 진
정한 민족 해방의 실현을 위한 건 아직 되지 않았다', 이렇게 설명
했다. 미완의 민중 혁명이라는 말이다. 또 이 혁명은 민중 자신이
아닌 학생에 의한 대리 혁명의 성격을 가지고 있다고 봤다. 그래서
진정한 민주주의와 민족 해방, 이건 민족 민주 해방 또는 민족 민주
주의 실현이라고 볼 수 있는데, 이것이 왔을 때 혁명으로 매듭지을
수 있는 것이고 그때까지는 계속 혁명으로 가고 있는 것이다, 이렇
게 봐야 한다고 설명했다.

4월혁명이라는 규정이 적절한 이유

—— 역사학자로서 어떻게 평가하나.

우리가 혁명이라고 이름 붙인 것을 보면, 근본적인 경제적 변화를 수반하지 않고 큰 정치적 변화만 있어도 혁명이라고 하는 경우가 많다. 예컨대 프랑스의 1830년 7월혁명, 1848년 2월혁명을 봐도 그렇다. 또 혁명이란 것을 너무 엄격하게 해석하는 쪽으로 꼭 규정해야 하는가도 생각해볼 필요가 있다. 난 4월혁명의 역사적 의미와 전후 맥락, 변화 같은 것을 볼 때 이건 4월혁명이라고 불러도 좋겠다고 본다. 단 여기서 두 가지를 생각해야 한다.

하나는 4·19혁명과 4월혁명 가운데에는 4·19혁명보다 4월혁명이라고 하는 게 좋겠다는 것이다. 물론 4월 19일에 일어난 의분에 찬 굉장히 큰 시위, 그리고 학살이라고 할까, 100여 명이 피를 흘리고 젊은 사람들이 죽어간 그날이 갖는 의미는 아무리 강조해도 부족함이 없을 정도로 중요한 건 사실이다. 4·19 시위와 100여 명의 희생은 이승만 정권을 뿌리부터 흔들었다.[*] 그러나 2월 28일 경북지방의 고등학생들 시위부터 3·15 제1차 마산의거와 4월 11~13일에 있었던 제2차 마산의거를 거쳐 4월 26일 이승만 대통령이 물러날 때까지의 전 과정을 설명하는 말로 4·19혁명이라고 부르는 것은 조금 문제가 있지 않느냐, 전체를 총괄한다는 의미에서도 4월혁명이라고 하는 게 좋겠다는 생각이 든다.

또 하나는 4월혁명이 던져준 역사적 과제, 4월혁명이 제2의 해

[*] '피의 화요일'로 불린 1960년 4월 19일 당일에만 123명이 사망했다.

방으로서 큰 의미를 갖는 역사적인 성격이 반드시 4월 19일과 4월 26일, '피의 화요일'과 '승리의 화요일'에서 다 드러나는 건 아니라는 점이다. 이승만을 하야하게 하고 자유당 정권을 붕괴시킨 건 아주 중요하지만, 우리가 4월혁명 정신이라고 부르는 또는 4월혁명의 의미를 살린 여러 가지 활동은 오히려 4월 26일 이후에 많이 나타난다. 5·16쿠데타로 일단락된다고는 해도, 4월혁명 정신은 그 이후까지도 숨을 쉬면서 상당히 중요한 영향을 끼쳤다. 5·16쿠데타 정권도 함부로 할 수 없을 만큼.

예컨대 혁명 입법이 만들어져 반민주 인사에 대해 여러 제한적 조치를 하려고 한다든가, 통일 운동과 노동 운동이 일어난다든가 하는 등의 중대한 사회적 변화는 4월 26일 이후에 일어난다. 그렇기 때문에 1960년 4월 26일부터 1961년 5월 16일 사이를 4월혁명기, 4월혁명 운동기, 4월혁명 시기, 이렇게 부르면서 4월혁명을 성숙하게 한다고 할까, 더 깊이 있게 가게 하는 시기로 파악하고 있는 것이다. 4·19혁명이라고 하면 이게 잘 들어맞지 않는 면이 있다. 4월 26일을 경계로 해서 그날까지는 이승만을 물러나게 하는 과정, 그 이후는 4월혁명 정신을 구체화하는 과정으로서 4월혁명 운동기 또는 4월혁명기로 나누어서 생각하는 게 좋다. 그것까지 얘기할 때는 4·19혁명보다 4월혁명이라고 부르는 게 좋겠다는 생각이 든다.

민주주의 고투의 한가운데에
5·18과 함께 4·19가 있었다

── 독재 정권 시절, 4월혁명은 경계 대상 아니었나.

제3공화국 헌법에조차 4·19가 전문에 들어가 있었고 지금 헌법엔 아주 중요한 의미로 들어가 있지만, 이 4·19가 역사적으로 항상 대접받았느냐? 사실은 4·19 1주년만 대접을 아주 크게 받았고 그 이후에는 4·19 하면 불온한 분위기와 연계하려는 움직임이 있었다. 심지어 한동안은 4월 19일 그날은 대학 교정, 예컨대 서울대 문리대 하면 그 교정의 문을 잠가 놔서 내 기억에 들어가지 못한 적도 여러 번 있다. 이렇게 한쪽에서 4·19, 4·19 하면서 기념을 하기는 하는데, 그러면서도 4·19가 오히려 외면당하고 탄압과 감시를 받는 상황도 꽤 오랫동안 있었다.

　　그러다 1980년대에 가면 또 다른 현상이 일어났다. 1970년대까지는 4·19를 기념할 수 있는 여건이 되면 대학들은 학술회의나 몇 가지 기념행사를 여는 정도로 끝냈다. 그런데 1980년대에 가면 그게 아니라, 중요한 운동의 기폭제 역할을 했다. 1980년대 중반 무렵부터 4·19 기념식 하는 곳에 학생들이나 민주화 운동에 나선 사람들이 모여들었다. 4월혁명 기념일이 민주화 운동의 촉매 역할을 한 것이다. 그러면서 5·18이 다가오면 5·18을 전후한 시기를 '5월 항쟁기'로 선포하고 '4월혁명이 제대로 이루지 못한 민주주의 혁명을 이제는 제대로 이루자'고 소리 높이 외쳤다. 거기엔 반미 자주화 운동도 포함됐다.

　　그때는 4·19 날이 되면 먼저 정부 쪽에서 오전에 기념식을 했다. 국가 기념일이니까. 그리고 나서 그쪽과는 상당히 다른 성격과 의미를 부여하면서 학생들과 시민들이 몰려들었다. 그때부터 한두 시간은 서울의 경우 국립 4·19 민주 묘지가 있는 수유리, 우이동 일대가 최루탄으로 자욱하게 돼버렸다. 정말 4·19 냄새가 난다고 할까, 4·19의 어려움이 배어 있다고 할까. 이러한 민주주의의 고투의 한가운데에 5·18과 함께 4·19가 있었다. 1987년 6월항쟁까지 가는 데 4·19가 5·18과 함께 큰 역할을 한 것이다. 이걸 잊어서는 안 된다.

대통령은 3·15 부정 선거 몰랐다?
이승만은 3·15선거 총기획자

4월혁명, 두 번째 마당

김 덕 련 일각에서는 '이승만 대통령은 3·15 부정 선거를 몰랐다'고 주장한다. 근거가 충분한 주장인가?

서 중 석 그런 주장은 그 시기에도 있었다. 특히 추종자들을 중심으로 해서 일부 시민까지 '그런 심한 부정 선거를 대통령이 알았다면 가만뒀겠느냐'는 식의 주장을 폈다. 상당히 소시민적인 발상이라고 할까. 황제는 잘못이 없는데 그 밑의 신하들이 나쁜 놈들이라는 사고하고 연결돼 있는 것 같다. 하여튼 뉴라이트 일각에서 또 그런 주장을 하지 않나 싶다. 사료나 구체적인 사실을 가지고 그 시기를 살피는 연구가 드물었기 때문에, 또 그런 연구가 있더라도 그걸 제대로 보지 않았기 때문에 이런 현상이 나타난 것 아닌가 하는 생각이 든다.

자유당 간부들이나 장관들, 경찰 최고위 간부들, 이자들은 장면 정권 때도 재판을 받았고 5·16 군부 쿠데타 이후에도 재판을 받았다. 3·15 부정 선거 당시 내무부 장관이던 최인규, 이 사람은 나중에 처형되는데, 이 한 사람을 빼놓고 전부 '난 모른다'고 발뺌을 했다. 어디선가 내려온 명령대로만 했을 뿐이라는 식으로 서로 책임을 미뤘다. '우리 책임이고 다시는 이런 일이 일어나선 안 된다', 이런 이야기를 한 사람이 누구 하나 없더라. 그래서 '그래도 최인규가 사나이다', 그런 이야기조차 그 시기에 나왔다. '저런 나쁜 놈들이 있느냐. 자기들이 다 저질러놓고도 누구 하나 그걸 인정하지 않고 발뺌만 한다는 게 말이 되느냐'는 비판도 있었다. 그러니까 '이 대통령은 관여하지 않았다', 이런 식으로 얘기하는 게 자연스러운 것처럼 보이기도 한다.

'3·15 마산의거만 없었더라면 모든 게 잘됐을 텐데 그 사건 때

1960년 3월 4일 자 동아일보. "민주당, 정부 선거 방법 지령, 전모 폭로", "투표 개시 즉전에 4할을 무더기 투입"이라는 제목으로 부정 선거 지시 내용을 대대적으로 다루고 있다.

문에 일이 헝클어졌다', 자유당 간부들이나 장관, 경찰 책임자들은 그렇게 생각하지 않았을까 싶다. 이 대통령도 마찬가지일 거라고 본다. 3·15 마산의거 후부터 이 대통령이 그저 역정을 부르르 낸다든가 신경질적인 말씀을 한다든가 하는 것들이 국무회의록이나 여러 가지 글을 보면 꽤 나온다. 그러면서도 역시 얼마나 노회한 분인가는 3·15 제1차 마산의거와 4·11~13 제2차 마산의거에 대한 반응과 4·19에 대한 반응이 큰 차이가 나는 것에서 잘 드러나지만, 그 무렵에 특히 '너희들 잘못'이라는 식으로 장관이나 자유당 간부들 쪽에 책임을 떠넘기는 것을 엿볼 수 있는 발언들이 나온다. 3·15의거 이후 사태가 달라지면서 그때그때 태도에 차이가 나는 것을 보여주는 대목이다.

두 번째 마당

그런데 3·15 부정 선거를 몰랐다? 삼척동자도 다 알던 일이다. 선거에 임한 모든 사람뿐만 아니라 꼬맹이들조차 이 시기에 어른들이 하는 짓, 그 분위기를 보면 알 수가 있었다. 또 신문에 부정 선거 이야기가 하루도 빠지지 않고 매일, 그것도 조그맣게 나는 게 아니라 크게 났다.

―― 주요 일간지들은 구체적으로 어떻게 보도했나.

동아일보에는 여러 면에 걸쳐 나올 때도 많았다. 아주 큰 사건으로 계속 뽑아내는 것을 볼 수가 있다. 동아일보뿐만 아니라, 서울신문을 제외하고 주요 일간지가 다 그랬다. 4대 일간지 중에서 경향신문은 무기한 발행 정지 상태였으니까 빼고 3대 일간지(동아일보, 한국일보, 조선일보)를 보면 하루가 멀다고 할 정도로 매일같이, 그것도 하루에 두 차례나 부정 선거 기사가 계속 나왔다. 당시 신문은 하루에 조간과 석간, 두 차례에 걸쳐 냈는데 그때마다 부정 선거 기사가 실렸다.•

'이 대통령은 국내 신문은 안 본다', 이런 말까지 일부에서는 하지만, 아무리 신문을 안 본다고 하더라도 그 중요한 상황에서 하루치만 신문을 봐도 '이럴 수가 있어?' 할 정도였는데 그걸 몰랐다? 특히 1960년 3월 3일, 어떤 식으로 선거 부정을 저지르려고 하는가를 민주당에서 구체적인 자료를 가지고 폭로한 게 있다. 이것을 동아일보, 한국일보, 조선일보가 몇 면에 걸쳐서, 전체 신문 지

• 정부 기관지 역할을 하던 서울신문사는 4월혁명 때 불길에 휩싸였다. 이와 달리, 경향신문은 이승만 대통령이 하야를 발표한 다음 날인 1960년 4월 27일 복간됐다.

면을 거의 이걸로 메우다시피 할 정도로 상세하게 보도했다. 이렇게 부정 선거의 구체적인 내용이 자세하게, 또 그렇게 크게 났는데 그것도 몰랐다? 이 대통령이 권력 문제에 얼마나 예민한 분이었는데, 언론 보도가 권력의 향방을 판가름하는 시점에 그걸 몰랐다? 말이 안 된다.

민주당에서 폭로한 내용을 크게 다룬 3월 4일 자 부정 선거 보도가 당시 아주 중요했기 때문에 자유당과 내각에서 대단한 관심을 보였다. 그런데 재미난 것은 최인규가 민주당의 부정 선거 폭로에 대해 '그건 사실과 다르다'고는 했지만, 펄펄 뛰면서 고발이나 고소를 하겠다고 해야 했을 터인데 그렇게는 하지 않았다는 것이다. 사실과 다른 주장을, 그것도 선거를 앞두고 민주당이 했다면 민주당을 고발하거나 고소해야 하는 것 아닌가. 민주당에서 거짓말을 한 거라면 나쁜 짓을 해도 보통 나쁜 짓을 한 게 아닌데.

또 1958년 12월 24일 국가보안법을 개정한 제일 큰 이유가 언론 탄압이었다. '허위 사실' 보도를 가만두지 않겠다는 게 개정안의 핵심 내용이었다. 그에 따라 언론과 민주당을 다 고소해야 하는 건데, 최인규는 '사실이 아니다. 그건 명백히 말할 수 있다'고 하면서도 끝까지 고발이나 고소는 안 했다. 모든 게 탄로 났다는 걸 안 거다. 실제로 3·15 부정 선거는 3월 4일 자에 나온 것하고 대동소이하다. 거의 비슷하게 치러진다.●●

그리고 그전에 이 대통령이 조기 선거를 치르자고 하면서 신

●● 이승만 정권은 1958년 12월 24일 야당 의원들을 강제로 끌어내고 국가보안법 개정안과 지방자치법 개정안을 통과시켰다. 이는 24파동으로 불린다. 국가보안법 개정안의 주요 표적은 언론과 혁신계였다. 언론에 물린 대표적인 재갈은, 사실을 왜곡해 보도하면 엄벌에 처한다는 이른바 '인심 혹란죄'였다. 인심 혹란죄는 4월혁명 후 폐지된다.

문에 관심을 보였다. 그런데도 신문을 안 봤다고 하는 건 말이 안 된다. 만약 신문에 부정 선거 이야기가 그렇게 났는데 이 대통령은 이게 사실이 아니라고 봤다면, 그 신문을 가만두면 안 되는 거였다. 허위 사실을 보도한 것이 되니까. 그런데 그런 게 전혀 없었다.

대통령은 아무것도 몰랐다?
이승만을 얕잡아보지 말라

—— 이승만 대통령은 국내 언론이 아니라 외신을 중시했다는 이야기도 하지 않나.

이 대통령은 외신을 중요시했다고 알려져 있다. 그런데 이때는 부정 선거가 워낙 심했기 때문에 외신이 상당한 관심을 갖고 여러 차례, 아주 구체적인 내용까지 보도했다. 그런데도 모른다? 이건 말이 안 된다. 도대체가 국내 정치에서 제일 중요한 사안을 모른다? 삼척동자도 다 아는 것을?

만약 그렇다고 한다면, 그런 사람을 대통령으로 만들겠다는 건 말이 되는 건가? 그런 분이 계속 대통령을 하겠다며 후보로 나오고 자유당은 그분을 꼭 대통령으로 모시겠다고 한 건데, 이건 말이 안 되는 것 아니냐. 또 뉴라이트 일각에서 그런 사람을 훌륭한 분이라고 한다면, 그건 문제가 심각한 것 아닌가. 이승만 대통령이 아무것도 몰랐던 것처럼 여기는 건, 이 대통령을 너무 얕잡아보는 거다. 그런 분이 아니다. 그리고 추종자들이 주장하는 대로 이 대통령이 다른 건 몰랐다고 가정해보자. 그렇지만 개표 결과는 봤을 것 아닌

1960년 정부통령 선거 후보자 출마 포스터. 이승만 정권은 이 선거에서 이승만, 이기붕 후보가 압도적인 표차로 대통령과 부통령에 당선됐다고 선포했다. 사진 출처: e영상역사관

가. 그 결과를 보면 도무지 믿기지 않는 것들이 많았다.

── 어떤 점에서 그러한가.

대선에서 단일 후보였기 때문에 이승만 대통령이 88퍼센트 넘게 득표했다? 이건 그럴싸하기도 하다. 문제는 부통령이다. 이기붕 부통령 후보가 79퍼센트, 833만 표나 얻고 현직 부통령이던 민주당 후보 장면은 184만 표밖에 못 얻은 걸로 돼 있다. 아무리 천치 바보라고 하더라도 이기붕과 장면의 표가 이렇게 큰 차이가 난다는 걸 누가 믿을 수 있겠나.

1960년 3월 15일 이승만 대통령이 투표를 마치고 기자들과 인터뷰하고 있다. 사진 출처: e영상역사관

　더더군다나 서울에서 이기붕이 무려 50만 표 넘게 차지하고 장면은 37만 표밖에 못 얻은 걸로 돼 있다. 그런데 1956년 선거 때는 자유당이 부정 선거를 많이 저질렀어도 장면과 이기붕의 전체 표차는 21만 표 정도였다. 장면 401만 표, 이기붕 380만 표로 아슬아슬한 차이였다. 결과 발표로만 보면 그렇고, 실제로는 그보다 더 큰 차이가 난다고 볼 수 있다. 그때 서울에서 어땠느냐. 장면이 45만 표, 이기붕이 9만 표를 얻은 걸로 돼 있다. 이기붕은 장면의 5분의 1밖에 표를 못 얻은 거다.

　그렇게 서울에서는 이기붕이든 이승만이든 인기가 없었다. 더구나 1956년 선거 이후에 자유당과 이승만, 이기붕에 대한 원성이 훨씬 더 높아졌다. 무능이 더 입증됐고. 이건 세상이 다 아는 사실이었다. 그런데도 이기붕이 79퍼센트를 얻었다? 이런 걸 믿는 대통령 후보, 부통령 후보가 있었다고 하면 이건 정말 우습지 않나. 한 50만 표나 30만 표 차이라고 하면 애교로 받아들일는지 모르겠는데, 이건 도무지 상상할 수가 없는 일이라고 누구나 생각할 수밖에 없었다.

—— 이승만 대통령은 개표 결과에 어떤 반응을 보였나.

이기붕 득표에 대해 이승만 대통령 후보가 조금이라도 이상하다는 얘기를 한 게 나오지를 않는다. 그것만이 아니다. 틀림없이 누가 당선됐다 하면 보통 당선 인사를 하지 않나. 이 선거에선 3월 15일 밤늦게 이미 이승만, 이기붕 후보의 표가 압도적으로 많다는 식으로 발표됐다. 빠르면 그때 당선 인사 비슷한 걸 할 수도 있었다. 또 적어도 3월 16일에는 모든 게 판명된 걸로 발표된다. 그러면 '이렇게 나를 찍어준 사람이 많아서 감격했고 고맙다'든가 하는 당선 인사를 바로 해야 할 것 아닌가.

그런데 이 양반들, 이승만 후보건 이기붕 후보건 너무 미안했던 것 같다. 내가 신문을 열심히 찾아보니까 3월 19일에야 이승만 대통령 후보의 당선 인사가 나온다. 이것도 앞부분은 3·15 마산의 거를 비난하는 것이었다. "마산에서 일어난 난동에는 철없는 어린 아이들을 앞장세워", 이건 민주당이 그랬다는 뜻 아니겠나. 이어서 "두 번 다시 이러한 난동이 없게 하여야 할 것이다"라며 법대로 다스려야 한다고 으름장을 딱 놨다. 이렇게 3·15의거를 난동으로 딱 규정하고 나서 끄트머리에 간단한 당선 인사를 몇 마디 했다. 이럴 수 없는 것 아닌가. 늦었더라도 당선 인사를 맨 앞부분에 해야 하는 것 아닌가. 이기붕은 더 미안했던 것 같다. 3월 20일에야 당선 인사를 하는 걸 볼 수가 있다.

지탄 대상 인물들 감싸는 데 앞장선 대통령

— 유례를 찾기 어려운 당선 인사다.

최인규 장관 경질을 보더라도, 이 대통령이 3·15 부정 선거가 얼마나 지독했는지를 알고 있었기 때문에 그런 일이 일어난 것 아니냐고 난 보고 있다. 뭐냐 하면 최인규가 3월 18일에 사임서를 제출한다. 수리는 3월 23일에 됐는데, 그건 뜸을 들이는 기간이었다고 볼 수도 있는 거다. 왜 이런 얘기를 하느냐 하면 이승만 대통령은 국회에서, 또 여론이 '이 사람을 경질해야 한다'고 거세게 비판해도 그런 것에 아주 초연한 분이었기 때문이다.

예컨대 1954년 말 원용덕 헌병 총사령관 쪽에서 야당 의원들 집에 불온 문서를 투입한 적이 있다. 불온 문서 투입 사건, 올가미 사건으로 불리는 유명한 사건인데 원용덕이 이걸 시인할 수밖에 없는 상황에 직면한다. 그런데 이 대통령은 '국회의원들의 태도를 알기 위해 그런 것을 하는 게 헌병 총사령관의 임무다', 이렇게 얘기했다. 야당뿐 아니라 온 국민과 언론이 분노하고 있는데 이게 무슨 말인가. 잘못된 일이라며 국방부 장관까지 사과했는데도 대통령은 국회의원들에게 올가미를 씌우려는 행위를 두둔한 것은 크게 잘못된 일이었다. 사실 헌병 총사령관이라는 것도 재미난 직제다. 이승만이 임의로 만들었다고 얘기한다. 하여간 법에는 없는 것이다.*

또 '낙루落淚 장관'으로 유명한 신성모가 국방부 장관일 때 국민방위군 사건이 일어나고 거창 양민 학살 사건이 크게 터졌다는 얘기를 전에 하지 않았나. 그때도 누구나 '신성모 장관이 책임지고 물러나야 한다'고 역설했다. 그런데 이 대통령은 아주 강하게, 그 물러나라는 소리를 비판한다. '그럴 수가 있느냐. 외신 같은 데 우리나라를 나쁘게 얘기하는 기사가 나도록 하는 게 잘하는 짓이냐', 이런 식으로 나무라면서 신성모를 오랫동안 두둔한다. 나중에 하도 문제가 심각해지고 조병옥 내무부 장관 같은 사람들이 그만두겠다고 하고 그전에 이시영 부통령이 사임하는 상황이 되니까 그때서야 경질했지만, 또 요직인 주일 대사로 보내지 않나.

이익흥 내무부 장관에 대해서도 마찬가지다. 1956년 장면 부통령 저격 사건에 경찰이 깊이 관여한 게 드러나면서 이익흥도 의심을 사게 된다. 그때 야당이 '이익흥이 물러나야 한다'며 불신임 제안을 했다. 그런데도 이 대통령은 이익흥을 물러나게 할 수 없다며 "수만 명 경찰이 있는 중에 그 몇 사람 부하의 잘못으로 내무 장관이 책임을 지면 장관 할 사람이 없을 것", 이렇게 얘기한다.

최인규도 내무부 장관 취임 며칠 후에 불신임안이 거론된다. 그렇지만 이 대통령은 최인규를 굳게 신임해서, 물러나게 하지 않는다. 그런 최인규가 3·15의거 3일 만에 사임서를 썼다는 건 보통 빠른 게 아니다. 지독한 부정 선거를 저지른 데다가 마산의거가 일

---

* 이승만이 총애한 정치군인 원용덕은 올가미 사건 때 자신과 같은 특수 군인은 정치에 관여할 수 있다고 강변했다.

어나고, 그에 더해 발포로 인해 8명이 사망하는 엄청난 사태가 발생했기 때문에 이런 일이 일어난 것이라고 볼 수밖에 없다.

— 국민을 저버리고 대통령에게만 충성한 문제 인사들을 중용한 건 권력욕과 뗄 수 없는 관계를 맺고 있다. 역대 한국 대통령 중 최고령이었던 이승만은 마지막까지 권좌에서 내려오지 않으려 노력했다. 인생무상을 느끼고도 남았을 법한 때까지 그런 태도를 취하다 결국 국민들에게 쫓겨나는 걸 보며 인생무상이라는 말을 다시금 떠올릴 때가 있다.

이 대통령은 1960년에 85세였다. 그 당시 85세는 지금 85세와 다르다. 환갑 넘기는 사람이 별로 없어서 환갑잔치가 중요하던 때였다. 고희는 정말 적었다. 그런데 고희보다도 훨씬 많은 85세였다. 이 양반은 생일이 3월 26일인데, 당선됐을 때가 만 85세가 될 무렵이다. 그런데도 대통령을 하겠다는 강인한 의지를 보인다. 권력에 대한 아주 강한 집착을 보인 거다. 그것은 권력 문제에 예민했다는 걸 얘기해준다.

영구 집권과 절대 권력을 추구한 분이다. 그래서 이승만 하면 독재, 독재 그러는 것 아닌가. 그런데 박정희하고 차이가 나는 점이 뭐냐 하면, 이승만은 선거를 통해 영구 독재 정권을 유지하려 했다는 것이다. 헌법도 쿠데타로 바꾸는 게 아니라, 형식은 국회를 통해 바꾸는 방식이다. 1954년 사사오입은 불법이었지만 국회를 이용해 한 것이다. 그렇게 이 양반은 미국에서 살아서 그런지는 몰라도 선거라는 형식을 중요시했다. 그러니 친위 쿠데타를 일으키지 않고 3·15 부정 선거를 치른 것이다. 무슨 이야기인가 하니, 이분이 선거에 대해선 굉장히 예민했다는 거다. 역대 선거를 쭉 보면 이분이 선거에 초미의 관심을 보이는 걸 잘 알 수가 있다.

4월 11일에서 13일 사이에 제2차 마산의거 또는 마산 항쟁이 크게 일어난다. 그러자 이 대통령은 13일과 15일에 연이어 특별 담화를 발표했다. 85세 노인으로서는 초인적인 담화를 발표한 것으로 보인다. 글자 하나하나를 굉장히 신경 써서 썼다. 이분은 담화문을 비서 손에만 맡기지 않았다. 비서가 써온 것도 다 뜯어고쳤다고 하지 않나. 담화문을 읽어봐라. 이승만 특유의 문체다. 이렇게까지 신경 써서 썼다는 건 선거의 전 과정에 대해 얼마나 주의를 기울이고 잘 알고 있었느냐, 이런 것을 얘기해주는 것이다.

그리고 무엇보다 3·15 부정 선거가 이뤄지는 과정을 보면 누가 총괄 기획한 것인가, 어떤 식으로 이 선거가 배치되고 진행됐는가, 이걸 한눈에 알 수가 있다.

3·15 부정 선거를 향한
이승만 정권의 진군

— 어떤 면에서 그러한가.

1960년 정부통령 선거는 1958년 12월 24일 국가보안법 개정안과 지방자치법 개정안 통과에서 막이 오른다고 이야기한다. 이 부분에 이 대통령의 의사가 얼마만큼 깊이 관여됐는지를 구체적으로 밝혀주는 자료는 안 나온다.

국가보안법을 개정한 제일 큰 이유는 언론을 때려잡기 위해서

1958년 12월 24일 국가보안법 개정안이 통과되자 환호하고 있는 여당 국회의원들. 이날 여당 의원만으로 국가보안법 개정안이 통과됐다. 사진 출처: e영상역사관

다. 그래서 얼마 후, 장면 부통령과 깊이 연관돼 있다며 이승만 정권이 몹시 나쁘게 봤던 경향신문이 폐간 처분을 당한다. 그런데 서울고등법원에서 폐간 처분 효력 정지 가假처분 확정 판결이 나오자, 이승만 정권이 이번에는 무기 정간 처분을 통해 경향신문 발행을 계속 막는 걸 볼 수 있다. 선거와 관련해 더 중요한 문제는 지방자치법을 개정해 지자체장을 임명하게 한 것이다. 그전에는 선거를 했다. 그래서 대구 같은 데에서는 야당에서 큰 표차로 시장에 당선됐다. 지방자치법이 개정되자 '공무원 선거가 치러질 것'이라는 비

1958년 12월 20일, 국가보안법 개정안 통과를 저지하기 위해 국회에서 농성하고 있는 야당 의원들. 사진 출처: e영상역사관

판이 많이 나왔다. 그다음부터는 이 대통령 의사에 의해 아주 중요한 사항들이 결정되는 걸 볼 수가 있다.

—— 어떤 결정인가.

1959년 3월, 1960년 선거와 관련해 두 가지 중요한 일이 일어난다. 하나는 6인 위원회란 게 국무위원 6명으로 구성된다. 국무위원 중에서 중요한 순서에 따라서가 아니라 이 대통령이 믿을 만하다고 본 사람들 중심으로 구성된 걸로 보인다. 6인 위원회가 바로 공무원을 선거에 동원하는 역할을 한 것이 아닌가, 즉 국무위원급에서 부정 선거에 총괄적으로 관여한 데가 아닌가 하는 추측이 나오고 있다. 그런데 여기에 관련된 사람들이 자신들의 활동을 나중에 일절 얘기하지 않아서 구체적인 걸 알기가 쉽지는 않다. 특이한 건 교통부가 그렇게 중요한 부서가 아니었는데도 교통부 장관이던 최인규는 들어가 있었다는 점이다.

그보다 더 중요한 것은 6인 위원회 구성 직후 최인규가 선거 주무 장관인 내무부 장관이 됐다는 거다. 언론이 깜짝 놀랐다. 내무부 장관이 바뀐다는 설은 알고 있었지만, 최인규가 된다는 건 한 신문도 쓰지 않았다. 최인규가 될 걸로 전혀 보지 않았던 것이다. 왜 그런 추측을 할 수 있었느냐 하면, 최인규라는 사람을 잘 알지도 못했지만, 이 양반이 교통부 장관 된 지가 불과 몇 달 안 됐기 때문이다. 그런 사람을 어떻게 바로 내무부 장관에 임명하느냐, 이런 생각이 작용했던 것 같다. 모든 신문이 그다음 날 '임명 발표를 보고 깜짝 놀랐다', 이런 식으로 써놨다. 최인규가 얼마나 무서운 사람인가 하는 건 나중에 다 입증된다. '자유당이 마지막에 써먹을 총알이다', 어떤 언론에서는 이렇게 얘기했다.

최인규가 보통 무서운 사람이 아니라는 건 즉각 드러났다. 취임사에서 '모든 공무원은 이 대통령을 절대적으로 떠받들어야 한다. 이 대통령을 모시고 우리 모두 국가 중대사를 해나가야 한다'는 이야기를 했다. 이것은 무슨 일이 있어도 다음 선거에서 이승만 대통령을 당선시켜야 한다는 것으로 받아들여질 수 있었다. '위대한 이 대통령을 모실 수 있게끔 공무원들이 선거에 관여하라', 이런 뜻이었다. 취임 일성부터 대단한 소리를 한 거다. 그래서 야당이 즉각 불신임안을 내는 걸 볼 수 있다.

— 중요한 다른 결정으로 어떤 것이 있나.

1959년 6월에 자유당 전당 대회가 있다는 건 자유당 사람들도, 언론도 다 알고 있었다. 당헌 개정 같은 걸 중심으로 당 정책 등을 다가올 선거에 맞춰 수정하기 위한 것 정도로만 알고 있었다. 그런데 갑자기 전당 대회 전날 밤과 그다음 날 새벽에 걸쳐 자유당 간부들한테 명령이 떨어졌다. '이번 전당 대회에서 대통령 후보, 부통령 후보를 지명하라', 이것이었다. 후보를 조기에 지명하라는 것이었다.

이건 1952년, 1956년에 자유당에서 정부통령 후보를 정하던 방식과도, 이 대통령이 출마하지 않겠다고 하던 것과도 전혀 다르다. 이 명령은 한 사람밖에 내릴 수가 없다. 긴장한 자유당 간부들은, 하라는 대로 해야 하는 거니까 하기는 했다. 그렇지만 신문이건 자유당 간부들이건 '대체 왜 이렇게 빨리 후보를 정해야 하는 것이냐'고 의아하게 여기지 않을 수 없었다. 이때까지 선거를 보통 5월에 치른 걸 생각하면, 이건 얼마나 일찍 정한 것인지를 알 수 있다. 어째서 이런 지시가 내려왔는지 이해하기 어려운 일이었다. 그래서 신문에서도 뭣 때문에 이렇게 했을 것이라는 데 대해 제대로 추측을 못 하고 있더라. 다만 '참 문제가 있다', 이런 식으로만 돼 있다. 미국도 그렇지만 우리나라도 당에서 대통령 후보를 지명하는 시점은 대개 선거 시행 두세 달 전이다.

내 생각엔 이 대통령이 아무리 기력이 좋은 분이고 권력에 대한 집착이 강하더라도 노인네니까 안심이 안 됐던 것 아닌가 싶다. 빨리 후보를 결정하면, 후보가 당선되도록 노력해야 할 사람이 있는 것 아니겠나. 이렇게 두 분이 결정됐으니까 이제 자유당이건 행정부건 그전 선거와 달리 두 분이 모두 당선되도록 노력해야 하게 된 것이다.

느닷없는 조기 선거 방침과
야당 대통령 후보의 죽음

── 6인 위원회, 최인규 내무부 장관 깜짝 기용, 후보 조기 지명 이후 상황이 어떻게 전개되나.

1959년 12월 21일, 이 대통령이 중요한 담화를 한다. 그 당시엔 이게 얼마만큼 중요한가를 잘 몰랐다. 이날 이 대통령은 끝부분에 가서 '선거는 농번기를 피해야 한다', 이렇게 얘기했다. 지금까지 선거는 농번기에 치러졌으니까 앞당겨야 한다는 거다. 이른바 조기 선거를 하자는 것이다.

우리나라 선거는 대개 5월에 치러졌다. 1948년 5·10선거, 1950년 5·30선거, 1954년 5·20선거, 1956년 5·15선거, 1958년엔 5·2선거. 다만 1952년 8·5선거는 어쩔 수 없는 사정이 있었다. 부산 정치 파동을 일으켜 발췌 개헌을 하는데, 발췌 개헌안 통과 자체가 7월 4일에 이뤄졌다. 그래서 헌법에 맞게 선거를 치를 수 있느냐는 이야기가 나왔다. 대통령 임기가 언제까지냐는 것이 크게 논란이 되고 그랬다. 하여튼 '적어도 8·15에는 대통령이 취임해야 한다. 8·15를 넘기면 정말 이상해진다'고 해서, 7월 4일 발췌 개헌안 통과 후 7월 26일까지 입후보를 하도록 했다. 선거 운동 기간을 9일밖에 안 주고, 선거일을 8월 5일로 빨리 잡은 것이다. 이럴 수가 있는 건가 싶지만, 그때는 그야말로 긴급 시기여서 그런 일이 일어난 것이고 나머지 선거는 5월에 치러졌다.

요즘은 5월 중하순부터 농번기라고 볼 수 있지만, 1960년대까지는 하지 때가 농번기였다. 5월 초엔 중요한 농사일이라는 게 거

민주당 대통령 후보였던 조병옥의 운구 행렬. 1960년 선거가 치러지기도 전에 조병옥이 죽자 많은 사람이 그를 '민주 인사'로서 아쉬워했다. 사진 출처: e영상역사관

의 없었다. 모내기하고는 상관없는 계절이기 때문에 아무도 농번기라고 생각하지 않았다. 그런데 대통령이 이걸 농번기라고 한 것이다. 왜 그렇게 선거를 앞당겨서 해야 하느냐. 이것에 대해 지금까지 명확히 해답을 줄 수 있는 건 없다. 다만 야당은 말할 것도 없고 신문들이 '5월은 농번기가 아니다'라는 논리를 펴면서 강력히 반대하고 나섰다.

— 이승만 정권은 왜 조기 선거를 하려 한 것인가.

왜 조기 선거를 해야 하는 것인지를 해석하기가 어려운 상황이었다. 조기 선거에 대해 두 가지 해석이 가능하다. 하나는 노인은 조급한 마음을 갖기 쉬운데, 하루빨리 선거를 해서 자신이 압도적인 지지로 당선됐다는 것을 내외에 과시하고 싶었을 거라는 점이다. 다른 하나는 조병옥이 중병에 걸린 것을 알고 그것에 대처했을 가능성이다. 조병옥이 위중했다는 것을 민주당 간부들은 잘 모를 수 있었지만, 이승만 쪽에서는 알았을 가능성이 있다. 그 경우 조기 선거를 치르면, 대통령 후보를 바꿀 시간적 여유가 민주당에 있을 수 없다. 조병옥 대신 대통령 후보가 될 사람은 장면 부통령 후보였다. 나는 전자도 조금은 고려할 수 있지만, 직접적으로는 후자의 가능성이 크다고 본다.

조기 선거 문제를 둘러싸고 설왕설래하며 '문제가 있다'는 지적이 나오던 차에, 민주당 대통령 후보로 지명된 조병옥이 중병에 걸렸다는 보도가 1960년 1월 중순 나온다. 이 양반이 정확히 언제 중병에 걸렸느냐는 건 알 수가 없다. 예나 지금이나, 정치인은 자신이 병에 걸렸다는 건 얘기를 안 하는 거다. 병원에 가서 치료는 받고 했기 때문에, 알 사람은 알지 않았을까 싶다. 어쨌건 국내에서 도저히 치료가 안 되자, 이 양반은 1960년 1월 29일 미국으로 떠났다. 그때 조병옥의 병을 치료할 수 있는 최고 병원이 월터 리드 미국 육군 병원으로 보도됐는데, 거기에 입원했다. 갈 때 이런 얘기를 했다. '내 등에 대고 총을 쏘는 비겁한 행위는 제발 말아줬으면 좋겠다.' 뭘 가리키는 것이겠나. 조기 선거를 해서는 안 된다는 뜻이다. 조병옥은 "낫는 대로 지체 없이 달려오겠다"는 성명을 내고 떠났다.

이때까지만 하더라도, 이기붕조차 조기 선거를 하더라도 '4월쯤 하지 않겠나', 이렇게 얘기한 게 신문에 꽤 크게 보도되고 그랬다. 그런데 2월 3일, 정부가 3월 15일에 선거를 치른다고 공고했다. 야당, 언론 다 '빨라도 너무 빠르다. 날씨도 4월이 따뜻해서 선거하기 더 좋은데, 3월 15일이라는 게 말이 되느냐'며 반발했다. 어느 신문 사설엔 이런 내용이 실렸다. '3월 15일에 당선된 사람이 8월 15일까지 5개월이나 어떻게 기다릴 수 있나. 당선 후 한두 달 또는 두세 달 후에 취임하는 게 원칙인 거지, 어떻게 다섯 달이나 기다리는 식으로 한다는 말이냐.' 거기에는 '야당에서 당선되면 어떻게 되는 것 아니냐', 이런 의미가 다분히 담겨 있었다.

그렇게 여론이 악화됐는데도 조병옥의 병세를 제외하면 왜 그렇게까지 조기 선거를 하려고 하는지 이해가 안 가는 상황이었는데, 그해 2월 15일 조병옥이 미국에서 죽었다. 1956년에도 선거 중간에 민주당 대선 후보 신익희가 죽었는데 1960년 선거에서도 죽으니 참 많은 사람이 눈물을 뿌리며 조병옥을 '민주 인사'로서 아쉬워했다.[•] 그래서 개사곡이 많이 나왔다. 유행가 곡조는 그대로 두고 가사를 바꾼 것이었다. 신익희가 죽었을 때도 개사곡이 나왔지만, 특히 조병옥이 죽고 나서 학생들이 '도대체 이럴 수가 있느냐' 하는 심정으로 개사곡을 많이 부르고 그랬다.

지금까지 내가 이야기한 걸 쭉 보면 가장 중요한 지시를 누가 내렸는가를 알 수 있다.

• 미군정 때 친일 경찰 중용, 4·3사건 당시 강경 진압 흐름 조성 등 조병옥의 해방 후 행적은 '민주 인사'와는 거리가 있다. 그러나 그 후 이승만 정권과 대립각을 세우며 적잖은 사람에게 '민주 인사'로 인식된 것 또한 사실이다.

부정 선거 할 이유,
이승만에겐 없었다?

4월혁명, 세 번째 마당

김 덕 련 3·15 부정 선거와 관련해 많이 나오는 주장이 있다. 대선의 경우 조병옥의 죽음으로 경쟁자가 사라졌기 때문에 이승만 대통령에게는 부정 선거를 획책할 이유가 없었고, 부정 선거는 부통령 선거 승리를 위해 이기붕과 자유당이 저지른 것이라고 일각에서는 주장한다.

서 중 석 그 문제에 대답하기 전에 먼저 말해둬야 할 것이 있다. 이승만 대통령은 1959년 12월 담화 때도 그랬고, 1960년 2월 정부에서 3월 15일 선거를 치른다고 공고한 직후(2월 13일)에도 러닝메이트에 관한 담화를 했다. 부통령 후보 이기붕이 당선되지 않으면 '나는 대통령에 당선되더라도 그것에 응종應從치 않겠다', 따르지 않겠다는 거였다. 아니, 대통령 선거와 부통령 선거의 최다 득표자가 각각 대통령과 부통령이 되도록 헌법에 명시돼 있지 않았나. 이건 헌법과 선거법을 무시하는 발언이다. 또 국민에 대한 협박이라고도 볼 수 있지만 그것 못지않게 직접적으로 누구에게 얘기하는 것이겠나. '자유당 그리고 정부, 너희들이 꼭 러닝메이트, 다시 말하면 이기붕이 당선되도록 해야 한다'고 해석될 여지가 많은 거다. 대통령이 1960년 선거를 앞두고 담화에서 '같은 당에서 부통령이 돼야지, 다른 당에서 되면 난 대통령 안 하겠다'고 말한 건 3·15선거를 이해하는 데 대단히 중요한 의미를 지닌다.

　사실 러닝메이트 제도는 너무나 당연한 거다. 미국을 생각해봐라. 대통령하고 부통령이 소속이 다르다는 게 말이 되나? 부통령이 있는 나라는 어느 나라나 그 둘이 같은 걸로 움직인다고 봐야 한다. 그런데 1952년 발췌 개헌을 할 때 정부통령 직선제로 고치면서도, 이건 포함하지 않았다. 미국에서 하는 것이기 때문에, 발췌 개헌의 다른 건 반대하더라도 이것은 누구나 찬성할 만한 사안인데도 그랬다.

── 그 이유는 무엇인가.

이 대통령은 '모든 국민이 나를 따르고 존경한다'는 '믿음'을 갖고 있는 분이었다. 1952년 부통령 선거에서는 다른 이유도 있었다. 자유당 부당수(이범석)가 부통령에 당선된 것이 아니라 대다수 유권자가 이름도 잘 알지 못하던 함태영이 부통령에 당선됐다. 그것뿐만 아니라 한민당의 후신인 민국당 후보(조병옥)를 제외한 모든 부통령 후보가 이승만을 지지했다. 그러니 이승만 입장에서 볼 때 욕만 해대는 야당을 빼놓고는 온 국민이 지지한 모습이 된 거다. 1954년 사사오입 개헌 때라도 고쳤어야 하는 것이었다. 사사오입 개헌 때 야당이 다른 건 다 반대했겠지만 러닝메이트 제도는 반대할 이유가 별로 없었다. 그런데 그냥 넘어갔다. 1956년 선거에서 이기붕이 부통령에 당선될 거라고 생각해서 그런 건지, 모든 부통령 후보가 자기를 지지하길 바라는 마음에 그런 건지는 알 수가 없다.

권력에 대해 집요했고
정적에게 가혹했던 이승만

── 이승만 대통령은 1960년 정부통령 선거에 말 그대로 집착하는 모습을 보이지 않았나.

왜 그랬느냐. 기본적으로는 권력 문제다. 이분은 권력에 대해 다른 사람보다 훨씬 완강하고 집요했다. 그렇지만 그것 말고도 두 가지 중요한 다른 이유가 있다. 이승만이 단독 후보가 됐고 그러니 부통령만이 문제였기 때문에 이 대통령에겐 부정 선거를 저지를 이유가 없지 않았느냐는 주장이 있지만, 그렇기 보기 어려운 점이 있다.

우선, 박정희 대통령도 그랬다고 하지만, 이승만 대통령은 정적에게 굉장히 가혹한 분이었다. 한때 동지였으나 나중에 정적으로 변하는 김구가 1949년 6월 26일 암살되는데, 그것에 얼마나 많은 이승만 정권 관계자들이 관련돼 있느냐 하는 것이 여러 자료에 나오지 않나.

김구 암살 사건에는 여러 형태의 배후 세력이 있는 게 틀림없다고 본다. 예컨대 김구가 암살되던 바로 그때 헌병이 출동했다. 헌병 부사령관 전봉덕이 사전에 알고 있지 않았으면 일어날 수 없는 일이다. 또 포병 사령관 장은산이 포병 소위 안두희한테 직접 지시를 내렸다는 것도 세상이 다 아는 일 아닌가. 이런 걸 포함해서 배후가 굉장히 많았는데, 눈곱만큼도 배후에 대한 수사를 한 적이 없다. 그리고 안두희는 재판 중에 두 계급이나 진급했다. 김구 암살과 관련해 상당히 논란이 많을 수밖에 없는 인물로 또 김창룡이 있는데, 그런 김창룡이 한국전쟁이 나자마자 안두희를 감옥에서 꺼내간 걸로 돼 있지 않나.

그러면 누가 암살 배후가 돼 버렸느냐. 김구가 이끌던 한독당이 배후로 지목됐다. 조직부장 김학규를 비롯한 한독당 간부들이 잡혀갔다. 김구 암살 사건에 대해 '내부적인 문제 아니겠느냐'고 이 대통령이 시사하는 담화가 나오는데, 그렇게 돼버렸다.*

─── 이승만의 정적으로서 비운에 빠진 건 김구만이 아니지 않나.

김구에 이어 조봉암이 1952년 선거부터 최대의 라이벌로 등장하는데, 조봉암은 죽임을 당하지 않나. 이승만 정권이 뒤집어씌운 간첩 혐의 등에 대해 2011년 대법원에서 무죄 판결을 내린 걸 전에 이야기했는데, 당시 누가 조봉암이 사형당할 만한 죄를 지었다고 생각했겠나.

장면도 마찬가지다. 1952년 부산 정치 파동은 장면 때문에 일어난 것이다, 이렇게 보는 학자도 있다. 자유당 제3인자로 불린 이재학도 그렇게 얘기한 게 나온다. 왜냐하면 제헌 헌법에 따르면 이승만 대통령 임기가 1952년까지이고 그해에 국회에서 대통령을 뽑게 돼 있는데, 국회에서는 이 대통령이 당선되기가 어렵다는 게 지배적이었다. 그러면서 미국이 장면을 지지한다는 말이 나왔다. 그때 미국은 어느 한 사람을 딱 지지하는 식은 아니었다. 그렇지만 미국이 초대 주미 대사이자 제2대 국무총리인 장면을 지지한다는 설이 널리 퍼졌고 '원내 자유당 쪽에서 장면을 추대하려고 한다', 이게 부산 정치 파동이 일어나는 데 하나의 중요한 요인이 된 것만은 틀림없다.

부산 정치 파동이 일어났을 때 유명한 국제 공산당 사건을 내무부에서 발표하지 않나. 오제도와 함께 그 무서운 사상 검사이자 국민보도연맹을 만드는 데 핵심 역할을 한 선우종원 등이 남로당의 지령을 받아 이 대통령을 암살하고 장면을 대통령으로 추대하려 한

● 이승만 대통령은 1949년 7월 2일 "백범의 살해는…… 당내 의견 차이의 직접적 결과"라는 담화를 발표했다.

이승만 대통령과 장면 부통령(왼쪽). 이승만 대통령은 장면 부통령을 별로 좋아하지 않았다.
사진 출처: e영상역사관

다는 발표였다. 세상에, 누가 봐도 기절초풍할 내용이었다. 그러나
선우종원은 일본으로 도피할 수밖에 없었다. 이승만 대통령이 하야
를 발표한 1960년 4월 26일 이후, 장면 정권 때에야 귀국한다.••

── 그런 장면이 1956년 이기붕을 누르고 부통령이 됐다. 부통령
　　당선 후 장면은 어떤 일을 겪었나.

　　장면 회고록을 읽어보면, 이 대통령과 함께 그해 8월 15일 취

━━━━━━━━━━━━━━━━━━━━━━━━━━━━━━━━━━━━━━━

•• 선우종원은 장면 국무총리의 비서실장이었다. 참고로, 선우종원의 아들이 1986년 '금강
산댐과 북한의 수공 위협' 논란 때 전두환 정권의 주장에 힘을 실은 선우중호 전 서울대
총장이다.

임 식전式典에 참석했는데 정부통령 취임식 행사장에 행정부, 입법부, 사법부의 고위층과 주한 외국 사절들의 좌석은 마련돼 있었음에도 그날의 주인공 중 한 사람인 자기가 앉을 자리는 뚜렷한 위치에 놓여 있지 않았다고 쓰여 있다. 또 대통령 취임사만 하고 부통령 취임사는 할 수 없었다. 그것만이 아니다. 취임 식전 순서가 끝난 후 식장에 모인 사람들한테 '이 사람이 누구다', 이렇게 소개하는 게 있었다. 3부 요인도 소개하고 몇 명 안 되지만 외국 사절도 일일이 다 소개했는데, 이 대통령이 장면은 소개하지 않더란다. 장면이 이럴 수가 있느냐며 분노했다.

이승만 대통령은 자기가 미워하는 사람에 대해선 자제력이 약했던 것 같다. 공식 행사인데, 밉더라도 겉으로는 웃는 모습도 취하고 하면서 그런 건 해야 하는 것 아닌가. 그런데 그것조차도 미워하는 사람에 대해선 잘하지를 못 하는, 자제력이 그 정도까지 강하지는 못한 분이었다.

이러니까 장면은 식이 끝난 후 성명을 발표하는 걸로 취임사를 대신했다. 외신 기자 회견도 했다. 장면은 아주 온화한 사람인데 의외로 강한 성격이 있더라. 민주주의를 강력히 요구하고, 현 정부가 민주주의를 유린하고 있다고 얘기했다. 그러니까 이번엔 자유당이 들썩들썩 들고일어났다. '장면 발언은 국가 안보를 해치는 거다', 이러면서 '장면 부통령의 외신 기자 회견 담화에 대한 경고 결의안'을 제출했다. 재미난 나라랄까, 참 슬픈 나라다. 국민에게 공적으로 사과하는 동시에 금후 이러한 반국가적 언동을 중지할 것을 장면 부통령한테 경고함, 이런 내용이었다. 민주주의가 위태롭다고 장면이 말한 것은 반국가적 언동이니 그걸 중지하라는 것이었다. 이건 야당이 퇴장한 가운데 가결됐다.

그러고 나서 1956년 9월 28일 민주당의 두 번째 전당 대회가 열렸다. 장면은 민주당 최고위원이어서 여기에 참석해야 했다. 그런데 총알이 날아왔다. 이게 유명한 장면 부통령 저격 사건이다. 다행히도 심장은 못 맞추고 손가락만 맞췄다. 그래서 이분이 살아난 거다. 조사가 진행되면서 '배후에 사찰계 경찰이 있다'는 게 나오고 나중에 이게 김종원 치안국장, 이익흥 내무부 장관까지 비화됐다.

1957년 9월엔 응오 딘 디엠 대통령이 월남(남베트남)에서 왔다. 일본하고도 사이가 나빴던 이승만 정부에 월남은 미국, 자유중국(대만)과 함께 최고의 맹방이었다. 그런데 이 대통령이 주최하는 공식 환영 만찬에 부통령을 초대하지 않았다. 이 대통령이 아주 껄끄럽게 생각하던 김병로 대법원장도 부르지 않았다. 응오 딘 디엠 대통령은 천주교 신자였고, 장면은 한국 천주교를 대표하는 정치인 아니었나. 장면도 월남 대통령을 보고 싶었지만 응오 딘 디엠도 장면 부통령을 보고 싶다고 안 했겠나. 그런데 끝내 만날 수 없었다. 이럴 수가 있나. 아무리 생각해도 이해가 안 간다. 이 대통령이 미워하는 사람에겐 이랬다.

하여튼 자유당으로서도 절대 장면이 1960년 부통령에 당선돼선 안 되는 것이었지만, 이승만 대통령도 장면이 당선돼서는 절대 안 된다는 아주 강인한 집착이랄까, 생각을 갖고 있었을 것으로 보인다. 장면은 부통령 때 창살 없는 감옥에 살았다고 회고록에 썼다. 오죽했겠나. 부통령 관저라는 데 꼭 잡혀 있었다.

이승만 정권에 충격 안긴
1956년 대선의 야당 바람

── 정적에 대한 가혹한 태도 이외의 다른 하나는 무엇인가.

정적에 대한 태도 문제보다 더 큰 이유가 있다. 1956년 5·15
정부통령 선거다. 역대 대선 중에서 제일 활기차고 정말 누가 될지
알기 어려웠던 것이 3개 있다. 박정희 후보와 김대중 후보가 겨뤘
던 1971년 대선, 노무현 후보와 이회창 후보가 겨루고 정몽준 의원
이 왔다 갔다 했던 2002년 대선, 그리고 1956년 선거다.

1954년 선거까지만 해도 이승만 정권은 전시 체제 분위기를
상당히 띄웠다. 그런데 휴전 협정을 맺은 지 3년이나 지난 1956년
에는 예전처럼 전시 체제 분위기를 띄우기가 쉽지 않았다. 그런데
이 선거엔 아주 특이한 몇 가지 면이 있다.

── 무엇인가.

그중 하나는 이 대통령이 사전 선거 운동을 엄청난 규모로 했
다는 것이다. 1956년 자유당에서는 대통령 후보에 이승만, 부통령
후보에 이기붕을 지명했다. 그런데 사사오입 개헌까지 한 분이 '나
는 대통령 후보 안 하겠다'고 나왔다. 그러면 국민들은 벌떼처럼 일
어나야 하는 것이었다. 무려 500만에 달하는 사람이 민의 시위에
동원됐다고 나온다. 경찰 발표다. 그러자 이 대통령은 '비바람 맞으
며 시위하느라 고생하지 말고 이제는 서면으로 제출하면 된다'고
했다. 그에 따라 이번엔 청원서를 300만 명 넘게 낸 것으로 돼 있

다. 어쨌든 사전 선거 운동이라고 볼 수 있는 민의 시위에 800만 명이나 동원된 것 아니겠나. 이승만 대통령으로서는 국민들이 얼마나 열렬히 자신을 지지하는가가 충분히 과시된 것이다. 그런데 선거 결과는 그와 전혀 달랐다. 여기에서 심각한 문제가 생긴 것이다.

그뿐 아니라 이승만 정권은 선거 중간에 은행 대출을 동결시켰다. 야당 선거 자금으로 못 나가게 하려고 이런 짓을 한 건데, 정말 창피한 일이다. 여당은 돈이 잔뜩 있었고 차를 타고 다니면서 선거 운동을 한다고 했지만, 진보당은 지게꾼 선거 운동을 한다고 했고 민주당은 걸어 다니면서 선거 운동을 한다는 식이었다. 그런데도 못 믿어서 은행 대출도 동결하고 그랬다.

이 선거에서 야당 분위기가 아주 떴다. 1956년 5월 3일 민주당 신익희 후보의 한강 백사장 유세에는 20만~30만 명이 운집했다고 하는데, 정말 많은 시민이 모여들었다. 지금은 다 없어졌지만, 옛날 한강은 백사장이 정말 넓었다. 지금 한강은 옛날 한강하고 아주 다르다. 거기에 그 많은 시민이 모여든 것이다.

민주당이 이 여세를 몰아 호남으로 향했다. 그런데 호남선 열차를 타고 가다가 5월 5일 함열에서 신익희 후보가 심장마비로 작고했다. 신익희 후보는 그렇게 세상을 떠났지만, 조봉암 후보도 만만치 않게 인기가 좋았다.

문제는 선거 결과다. 이승만 후보는 504만 표, 조봉암 후보는 216만 표를 얻었다. 민주당은 조봉암을 밀어야 하는 건데 그렇게 하지 않았다. 무효표가 될 수밖에 없던 추모 표를 권장했다. 있을 수가 없는 건데, 그만큼 조봉암이 미웠던 거다. 추모 표가 대부분일 무효 표가 185만 표다. 조봉암 표에다 이 추모 표를 합치면 이승만 표에 육박한다.

1956년 선거에서 자존심에 상처 입은 이승만, 1960년 선거에서 만회해야 했다

—— 이승만 정권으로선 두려움을 느낄 수밖에 없는 결과였다. 그러한 1956년 대선 결과는 1960년 선거와 관련해 이승만 정권에 어떤 영향을 끼쳤나.

이 대통령도 1956년 대선이 어떻게 치러졌다는 걸 안다. 5월 11일경이 되면 조봉암 후보는 선거 운동을 하지 못하고 피신하지 않나. 분위기가 워낙 혼탁하고 험악하니까. 그런 속에서 선거 운동과 투표 쪽만 부정이 있었던 게 아니라 아주 심한 개표 부정이 벌어졌다. 특히 이 선거부터 개표 부정이 노골적으로 드러난 걸로 알려져 있다. 이 선거, 1958년 선거, 1960년 선거는 개표 부정이 투표 부정이나 선거 운동 부정 못지않게 심했던 대표적인 선거다.

1956년 신익희가 급사하지 않았다면 어떻게 됐겠는가. 조봉암은 이 선거 끝나고 나서 쓴 글에 "투표에 이기고 개표에 지고", 이런 제목을 붙였다. 이 대통령이 살아계신데 이런 제목까지 단 건 당당하게 주장할 수 있는 근거가 있다고 봤기 때문이다.

이승만 후보는 이 선거가 어떤 식으로 치러졌다는 걸 알고 있었고, 적어도 짐작은 하고 있었다. 특히 서울에서는 죽은 신익희가 28만 표였는데, '국부'이자 '민족의 태양'이라던 산 이승만이 20만 표밖에 안 나오지 않았나. 조봉암도 11만 표나 나왔다. 죽은 제갈공명이 산 사마중달을 내쫓았다는 고사가 있기는 하지만 이런 것을 이 대통령이 받아들일 수 있었겠나? 이 대통령은 굉장히 자존심이 강한 분이었다. 6대 독자이기 때문에 자존심이 강하다는 말도 있지만, 어쨌건 무지무지하게 강한 분이었다. 그렇게 자존심이 강하고 온 국민이 자기를 지지한다고 믿고 싶어 한 분 아니었나.

그래서 이승만 대통령은 1960년에 치러질 선거에서 압도적인 지지를 받았다는 것을 세상에 확실히 보여줄 필요가 있었다. 1956년 선거에서 자존심에 엄청난 상처를 입은 것을 만회하지 않으면 안 됐다. 이 대통령이 1960년 정부통령 선거 대책을 왜 그렇게 서둘러서 일찍부터 세웠는가를 말해주는 대목이다. 이 대통령은 노인이기 때문에도 몹시 서둘렀고 열화와 같은 지지, 절대적인 승리를 바랐던 것 같다.

부정 선거 노하우의 총결산
이승만 정권의 3·15 부정 선거

4월혁명, 네 번째 마당

김 덕 련 이승만은 부정 선거를 몰랐고 그럴 이유도 없었다는 일각의 주장이 사실과 거리가 멀다는 것을 짚었다. 3·15 부정 선거와 관련해 빼놓을 수 없는 것 중 하나가 자유당 문제다. 우선 자유당은 1956년 대선에 어떤 태도를 취했나.

서 중 석 역사를 돌아보면, 우리나라 권력은 어떻게 그렇게 영구 집권을 어느 누구나 하려는 건지…… 이승만, 박정희만 그렇게 하려고 했던 게 아니라 그 밑에 있던 사람들도 따라서 같이 하려고 그러더라. 이게 무서운 현상이다. 그래서 또 이상하게 '윗사람은 생각하지 않았는데 밑에 있는 사람들이 장기 집권으로 끌고 갔다', 이런 터무니없는 주장까지 나오고 그런다.

자유당은 1956년 선거에서 이기붕이 꼭 부통령이 돼야 한다고 봤다. 그런데 뜻밖의 결과가 나왔다. 그래서 그때 신문에 '자유당은 초상집', 이렇게 나왔다. 야당인 민주당의 장면이 부통령이 된 것 때문이다. 왜냐하면 그 당시 헌법은 1954년 사사오입 때 고친 건데, 승계 문제에 대해 '대통령 궐위 시에는 부통령이 승계한다', 이렇게 명문화해놨기 때문이다. 그때 러닝메이트 제도는 도입하지 않고 이런 것만 명문화한 거다.

1956년 선거에서 장면이 당선돼 부통령이 되지 않았나. 가을 날씨하고 노인네 언제 죽을지는 알 수가 없는 것 아닌가. 이 대통령은 당시 여든한 살이었다. 그때는 여든한 살이면 보통 나이가 아니다. 몇 사람밖에 없던 때다. 그러니까 자유당으로선 이기붕이 꼭 당선돼야 한다고 봤는데, 그렇게 안 된 것이다.

— 자유당으로선 초조할 수밖에 없는 상황이었겠다.

그렇다. 그리고 3·15 부정 선거는 갑자기 이뤄진 게 아니다. 이점을 잘 알아야 한다. 부정 선거 노하우가 쌓일 대로 쌓인 것이었다. 전에도 이야기했지만 1948년 5·10선거는 우리나라 최초의 보통선거인데, 동대문갑 구(이승만 출마 지역)와 제주도 정도를 빼놓으면 이 선거는 그래도 무난하게 치러진 것으로 봐야 하지 않느냐. 분단 정부 수립을 위한 선거여서 중도파 민족주의자들은 참여하지 않았고 제주도에서는 선거가 제대로 치러지지 못한 점 등 몇 가지 문제가 있다 하더라도 그렇게 볼 수 있다. 1950년 5·30선거 때에는 이 대통령이 주요 도시를 순방하며 중도파 민족주의자를 찍지 말라고 공언했다. 또 내각 책임제 개헌을 주장한 서상일을 비롯한 민국당의 일부 중진들이 선거에서 떨어지는 등 시련을 겪었다. 권력의 작용으로 이런 결과가 나왔다고 보고 있는데, 어쨌건 이와 달리 성망이 높았던 중도파 민족주의자는 거의 다 됐다. 이 선거도 그 이후에 비하면 상당히 공명했다고 본다.

문제는 1952년 8·5선거부터다. 자유당에서 부통령 선거에 두 명이 나온 거다. 당시 선거법에선 이렇게 해도 괜찮았다. 임시 전당 대회에서 자유당 부당수 이범석을 부통령 후보로 지명했는데, 이갑성도 자유당 후보로 나왔다. 그런데 이승만은 전당 대회에서 지명한 이범석을 외면하고, 선거에 나오려고도 하지 않던 함태영을 출마하게 했다. 이승만보다도 나이가 많은 노인네이던 함태영은 무소속으로 나와서 112만여 표라는 큰 표 차이로 이범석을 눌러버렸다. 그 센 자유당 후보를 압도한 것이다. 함태영은 다수의 국민이 이름 석 자도 잘 모르던 사람이다. 지금도 시험 때 학생들에게 '제3대 부통령이 누구냐'고 물으면, 제대로 쓰는 사람이 거의 없다. 그런 함태영이 부통령에 당선됐다는 건 이 선거가 어떻게 치러졌는지를 단적으로 얘기해준다.

1954년 선거는 경찰 선거, 곤봉 선거 아닌가. 선거 운동을 제대로 할 수가 없었다. 심지어 한때는 이승만 정권의 2인자라는 얘기까지 들었던 허정조차 선거 운동을 못했다. 참 무섭더라. 그래서 이 사람, 중도 사퇴(입후보 포기)한다. 그런 선거였다. 1958년 선거에선 선거 운동 및 투표 부정에다 1956년에 배운 개표 부정까지 아주 심했다. 올빼미 개표, 샌드위치 표, 빈대 잡기 표, 닭죽 개표 등 별의별 개표 부정을 다 했다.* 그리고 3·15 부정 선거 전에 재선거, 보궐 선거가 있었는데 그 선거들도 3·15 부정 선거와 거의 똑같다. 이런 노하우가 쌓였으니까 3·15 부정 선거가 그렇게 치러진 것이다.

부정 선거 저지른 자리에
친일파가 있었다

— 민주주의와 전후 복구에 힘을 쏟아야 할 때, 엉뚱한 노하우만 쌓은 셈이다.

인간들이 어떻게 이런 짓을 할 수가 있느냐. 이렇게까지 개탄할 수밖에 없는 선거가 치러진 건 친일파가 이 선거를 관장했기 때문이라고 이야기할 수 있다. 3·15 부정 선거 당시 자유당을 살펴보

● 올빼미 개표는 개표 도중 전기를 끄고 표 계산에서 부정을 저지른 것, 샌드위치 표는 여당 표 다발 사이에 야당 표나 무효표를 끼워 넣은 것, 빈대 잡기 표는 개표 종사자가 야당 표에 인주를 묻혀 무효표로 만든 것, 닭죽 개표는 수면제를 넣은 닭죽을 먹여 야당 참관인들을 재운 후 조작된 투표용지로 바꿔치기한 것을 말한다.

자. 대통령과 부통령 후보를 제외한 자유당 최고위층 즉 3, 4, 5, 6순위였던 이재학, 한희석, 장경근, 임철호 다 친일파 아닌가. 일제 때 군수나 검사, 판사를 한 사람들이다.

장관들, 12명 중 그때 외무부 장관이 궐석이었으니 11명을 보면 6명이 군수였거나 판사, 군 장교였다. 2명이 금융계, 2명이 의료계다. 이 사람들은 어디서 일했느냐에 따라 일제 기구에서 근무했느냐를 얘기할 수 있는데 그 점이 불분명하다. 1명이 보험 회사인데 이게 최인규다. 친일 보험 회사 간부였다. 그러니까 '일제 때 행적을 볼 때 이 중 떳떳한 사람이 과연 몇 명이냐? 한두 명 있었나?', 그렇게 말할 수 있다. 차관 12명을 보면 8명이 일제 때 군수, 판사를 했거나 검찰, 경찰에 복무한 친일파다. 한 사람은 관공서 잡지 사장이었고, 한 명은 만선척식회사 과장이었다. 다 일제에 복무한 것이다. 한 명이 교수인데, 어디 교수인지 잘 나오지 않아 알기 어렵다. 한 명은 불명으로 나온다.

— 해방 직후 친일 청산을 제대로 하지 못한 것이 오래도록 악영향을 끼쳤다. 부정 선거와 관련된 친일 경력자들로 어떤 이들을 더 꼽을 수 있나.

선거를 지휘한 내무부를 보면 치안국장 이강학, 일제 때 육군 소위였다. 세도가 당당했고 실질적으로 당시 최고 권력자 중 한 사람이었던 경무대 곽영주 경무관, 일제 때 지원병 군조軍曹였다.* 서

---

* 군조는 당시 일본군 부사관 계급의 하나로 오장(하사)의 위, 조장(상사)의 아래였다. 오늘날 중사에 해당한다.

울시경국장 유충렬은 일제 때 종로서 순사부장이었다. 나머지 도경국장은 한 명을 제외하고는 다 일제 때 경찰이었거나 일제에 복무한 친일파다. 이런 사람들이니까 권력을 위해서 무슨 짓이든지 할 수가 있었다.

사실 이승만 정권 초기만 해도 친일파가 이렇게까지 많지는 않았다. 그런데 후기로 올수록 그야말로 맹종파, 아부파로 채워진다. 이 사람들, 학벌은 또 최고다. 경성제국대학, 일본 도쿄제국대학, 미국에 있는 대학 등 당시 최고 학벌이었다. 난 그게 더 개탄스럽더라. 그런 사람들이 어떻게 이런 짓을 하느냐. 그런데 일제 때 행위를 보면 글쎄 이런 짓을 저지를 수도 있는 것 아닐까 하는 생각이 든다.

노쇠한 이승만의 권력욕,
병약한 이기붕의 충성심

— 제 버릇 개 못 준다는 말이 떠오른다.

더 한심하다고 할까, 국가의 장래를 위해 눈앞이 캄캄하게 될 뻔했다고 생각하는 건 이승만, 이기붕 후보가 어떤 사람들이었는가 하는 것 때문이다. 이 대통령은 1960년에 85세가 된 분이다. 아무리 정력이 대단한 분이라 하더라도 85세가 되면 기력이 쇠하고 근력이 떨어질 수밖에 없다. 이미 이분은 몇 년 전부터 꾸벅꾸벅 졸았다. 그래서 1958년부터는 사실상 이기붕이 대행했다는 얘기가 돌 정도였다. 권력 문제와 직결되는 정말 중요한 일에만 이 대통령이

1957년 5월 이기붕 당시 민의원 의장 가족이 경무대에서 이승만 대통령 내외와 함께했다. 왼쪽부터 이강석, 프란체스카 도너 리, 이승만, 이기붕, 박마리아, 이강욱. 이강석은 이승만의 양자로 들어갔다. 사진 출처: e영상역사관

관여하고, 일반적인 일에 관한 결정은 거의 다 이기붕을 통해 내려지는 것을 볼 수 있다. 그래서 이기붕 집을 서대문 경무대라고 불렀다. 그런데도 장차관, 경찰 간부, 자유당 간부들이 그렇게 당선시키려고 했다. 이런 노인을 대통령으로 꼭 모셔야겠다? 아무리 권력이 좋기로서니 그럴 수가 있는가, 이런 생각이 든다.

　이기붕 이 양반은 사실 꼭 부통령을 하고 싶지도 않았던 사람으로 보인다. 그런데 이승만에 대해서만은 꼼짝을 못했다. 일제 때도 미국에서 이승만 밑에 있었고 해방 직후에 비서도 한 사람이다. 이 양반은 양심적인 일도 했다. 거창 양민 학살 사건, 국민방위군 사건을 재판에 다시 회부한 게 이 사람이 국방부 장관 때다. 그리고

나서 이 양반은 완전히 찬밥 먹었다. 이승만하고 사이가 나빠져 국 방부 장관직에서 밀려났다. 거창 학살 사건 진상 조사를 막으려 가 짜 공비 사건을 연출한 김종원을 풀어주라고 하는데도 안 풀어주니 까, 이승만 대통령이 그렇게 한 거다.

— 이기붕은 그 후 어떻게 다시 이승만의 최측근이 된 것인가.

이기붕의 부인 박마리아는 1950년대 후반에 이화여대 부총장 을 맡기도 하는 인물인데, 미국 유학생이라 영어를 잘했던 이 사람 이 한국말을 잘 못하는 대통령 부인 프란체스카 도너 리를 가까이 해서 다시 이승만한테 이기붕을 밀어붙였다. 그러고 나서 아들 이 강석이 이승만 양자로 들어간다. 그렇게 되니까 이기붕의 위세가 하늘을 찌를 듯하게 됐다. 본인이 그렇게 하고 싶다, 하기 싫다를 떠난 문제가 된 거다. 어쨌든 대통령에게는 절대 충성했다.

1958년부터 중요 정사를 이기붕이 맡았는데, 그 무렵부터 이 기붕은 국회의장이면서도 국회에 나가서 한 번도 사회를 본 적이 없다. 건강이 아주 나빴다. 3·15 부정 선거 때도 한 번도 유세에 나 가본 적이 없다. 몸이 더 나빠진 것이다. 이 양반은 불치병을 앓고 있었다. 각부 신경통에 협심증이었다. 미국에 있는 월터 리드 육군 병원에도 가고 홍콩 쪽에도 가고 그러는데, 불치병이라 어디서나 치료가 잘 안됐다고 한다.

이러한 사실을 잘 알고 있었는데도 이 대통령은 부통령 후보 로 이기붕을 지명했다. 이 사람만이 자기에게 절대 충성하고 대통 령 자리를 넘보지 않을 것이라고 확신할 수 있어서 충직한 이기붕 을 부통령 후보로 쓴 것이다. 자유당에서는 그런 이기붕을 떠받들며 부정 선거로 당선시키려 했다. 그걸 장관, 경찰과 모의해 저지른 것이다. 어쨌건 이 대통령도 정사를 돌보기에는 너무 노쇠한 분이고 이기붕은 몸을 제대로 못 가누는 사람이었는데, 그분들이 우리나라를 맡는다? 그러면 어떻게 되겠나. 난 권력이란 게 그렇게까지 좋은 건지 도무지 이해할 수가 없더라.

세계 부정 선거 역사에 한 획을 그은 3·15 부정 선거

── 이 시기에 엽기적인 부정 선거 유형이 정말 많았다. 3·15 부정 선거 준비, 어떻게 이뤄졌나.

전 세계에서 부정 선거 유형을 3·15 부정 선거처럼 많이 보여준 선거도 드물 거다. 참 어떻게 이렇게 아이디어를 복잡하게 많이 냈는지. 아무리 노하우가 쌓였다 하더라도 정말 너무하다.

최인규 내무부 장관은 이성우 내무부 차관, 이강학 치안국장 등을 대동해서 1959년 11월 28일부터 12월 20일경까지 그리고 1960년 1월 초순부터 2월 초순까지 거의 매일같이 각 시도 경찰국장, 사찰과장(오늘날 정보과장), 경찰서장 그리고 시장, 군수, 구청장 이런 사람들을 모았다. 거기서 부정 선거 방법을 구체적으로 언명했는데, 그게 민주당을 통해 1960년 3월 4일 자 신문에 대판 터진 거다.

이때 최인규는 이렇게 얘기했다고 한다. "세계 역사상 대통령 선거에서 소송이 제기된 일이 있느냐. 법은 나중이니 우선 당선시켜야 한다. 콩밥을 먹어도 내가 먹고 징역을 살아도 내가 산다." 대단한 사람이다. '이승만 대통령은 위대한 분이니 여러분은 국가 대업을 수행하는 것으로 알아야 한다. 이 대통령 당선에 차질 없게 하라', 이렇게 당부하면서 그 방법으로 4할 사전 투표, 3인조·9인조 공개 투표, 완장을 착용해서 투표소 근처를 싸늘하게 할 것, 민주당 참관인을 내쫓을 것 등을 제시했다고 돼 있다.

또 이강학 치안국장은 각 시도 경찰국장 회의, 그리고 각 시도 사찰과 간부, 그러니까 사찰계장이라든가 과장을 모은 회의를 여러 번 열었다. 최인규 장관 지시를 전달하고, 이미 그 이전에 해본 짓인 투표함 바꿔치기, 표 바꿔치기 같은 수법을 제시하면서 '자유당 후보가 80퍼센트 이상 득표하도록 해야 한다'고 지시를 내린 것으로 나와 있다. 전남 보성이나 경북 영일 지구 재선거에서 이미 다 실시했던 방법들이다. 1958년 5·2선거가 워낙 엉망이어서 대법원에서도 선거 관련 판결을 많이 했고, 재선거와 보궐 선거가 꽤 많았다. 그 당시 신문을 보면, 이런 재선거와 보궐 선거에서 어떤 식으로 부정을 저질렀는가 하는 것이 아주 구체적으로 나온다.

— 1960년 3월 4일 자 신문에 폭로된 부정 선거 지침엔 어떤 내용이 담겨 있었나.

3월 3일 민주당이 정부의 부정 선거 감행 방법, 일명 '부정 선거 비밀 지령'을 터뜨린다. 이건 아마 한 하급 경찰관이 준 것 같다. 무지하게 길어서 그다음 날 신문 여러 면에 걸쳐 자세하게 소개돼 있는데, 요점을 얘기하면 이렇다.

총 유권자의 4할이 미리 투표하게 한다, 선거 당일 새벽 3시경에 반공청년단원과 자유당원으로 하여금 투표장 주위 100미터를 경비케 하고 투표 시작(오전 7시) 전인 6시 50분경 자유당계 선거 위원만 입회한 가운데 투표함에 사전 투표 용지를 투입한다, 4할은 당일 번호표를 주지 않고 대리 투표나 다른 방식으로 한다, 또 3인조·9인조 공개 투표를 하게 한다는 것이다. 그리고 투표소 입구를 한 개로 하고, 그러니까 한 군데로만 들어가게 하고 완장 부대 300명과 행동대 20명이 투표소를 확보한 다음 경찰관이 외인 출입을 억제하는 속에서 투표하게 한다는 것이다. 완장 부대 300명, 이건 깡패나 자유당 당원들을 동원하는 것이다. 또 기표할 때 빤히 쳐다보고 하는 게 나중에 나온다. 야당 선거 위원은 투표가 진행되기 전에는 투표소에 입장하지 못하게 한다는 것도 있는데, 이건 개표 때도 마찬가지다. 야당 선거 위원과 참관인에게 수면제를 넣은 술과 음식을 먹여 자게 할 것, 야당계 민의원과 신문 기자 그리고 외국인 감시단 등의 투표소 출입을 금지 또는 제한할 것, 이런 것까지 지시했다. 어떤 데에선 주먹으로 구타해 내쫓았다. 경찰은 전 경찰력을 선거에 투입하고, 방침에 협조하지 않는 공무원을 숙정하며, 전직 경찰관을 동·방坊·리장에 임명해 선거반을 편성할 것, 야당으로 선거 자금이 유입되는 것을 철저히 방지하기 위해 외국 공관 및 외국 정보 기관원 동향을 사찰할 것, 경찰관이 야당 운동원을 근접 감시할 것, 정보원 미행 및 자유당원과 반공청년단원을 통한 미행, 일가 친척과 친구들을 통해 충고하고 감시할 것 등의 지시도 있었다. 실제로 3·15 부정 선거 때 대개가 일어난 일이다.

3월 3일 폭로 후에도, 3월 7일 이성우 내무부 차관과 이강학 치안국장이 대전에 있는 모 부대에서 비밀리에 연 전국 경찰국장 회의에서 4할 사전 투표 같은 것을 그대로 하라고 지시하고 '경찰국장 목은 장관과 대통령이 책임진다', 이렇게 얘기한 걸로 나와 있다.

── 야당이 선거 운동을 하기도 어려운 때 아니었나.

이때 구타 사건, 야당 사람들이 두들겨 맞고 도망 다니고 하는 건 부지기수다. 이미 그전부터 그랬다. 이야기하지 않았나. 1954년 선거가 몽둥이 선거, 곤봉 선거였다고. 두들겨 패니 도망 다닐 수밖에 없었다. 1954년 5·20선거부터 이게 본격적으로 나타났고 특히 1960년 3·15 부정 선거 때는 아주 심했다.

선거 운동 기간이던 1960년 3월 9일엔 민주당 여수시당 재정 부장이 깡패한테 얻어맞아 절명했다.[●] 그다음 날인 3월 10일에는 전남 광산군 송정읍에서 반공청년단이 주최한 마을 회의에서 자유당 송정읍 당 위원장이 공개 투표를 해야 한다고 주장하니까, 천주교 신자가 이의를 제기했다. 장면은 천주교를 대표하는 정치인이지 않았나. 그러자 그 지역 반공청년단장이 칼로 찔러 한 명은 절명하고 한 명은 중상을 입었다. 그전에도 그랬다지만 정말 무서운 폭력 선거였다.

그러면서 예행연습을 여러 군데에서 많이 했다. 이것도 신문에 그대로 보도된다. 예컨대 자유당 월성갑 구 당에서는 공무원, 자유 당원이 입회한 가운데 3인조로 주민을 동원해 공개 투표하는 걸 연습시켰다. 더 나아가서 모의 투표용지를 가지고 투표까지 하게 했다. 그 모의 투표용지가 실제 투표용지와 같았다. 그래서 문제가 심각해진 거다.

● 경찰이 깡패를 동원해 저질렀고 그 대가로 깡패에게 돈을 건넨 사실이 훗날 드러났다.

경북고를 시작으로 떨쳐나선 의로운 고등학생들
2·28의거, 4월혁명의 문을 열다

── 4월혁명의 문을 연 2·28의거를 촉발한 것도 이승만 정권의 그
러한 무리수 아니었나.

30년 동안 계속되는 우리 민주화 운동이 1960년 2월 28일 경
북고에서 시작됐다고 말할 수 있다. 그날 대구고 등에서도 시위를
했지만 특히 크게 한 건 경북고다. 2월 28일 오후 1시경 경북고 1,
2학년생 약 800명이 교사들의 제지를 무릅쓰고 거리로 쏟아져 나
왔다. 이들은 "횃불을 밝혀라, 동방의 별들아!", "학원의 자유를 달
라"고 외치며 시위를 벌였다. 이날 시위로 120명 정도의 학생들이
경찰에 연행됐다. 대구고에서는 교사들의 제지로 100명 정도만 거
리로 나왔는데, 이들은 "학생을 정치 도구화하지 말라", "우리에게
도 인류애를 달라" 등의 구호를 외쳤다. 경북여고생 100여 명도 "일
요일 수업을 폐지해달라"고 외치며 시위를 했다. 경북사대부속고
학생 240여 명은 교사가 가로막자 교내에서 농성을 벌이다가 오후
8시경 거리로 나와 "부고附高는 비겁하지 않다", "학원은 신성하다.
정치는 간섭하지 말라" 등을 외치며 시위를 벌였다.

경북고 등에서 전개한 시위도 엽기적인 부정 선거 문제로 시
작된 것이다. 뭐냐 하면, 2월 28일이 일요일이었는데도 경북고 학생
들한테 학교에 나오라고 했다. 3월 3일에 치르게 돼 있던 기말 시험
을 이날 치른다는 것이었다. 그때는 새 학기가 4월 1일에 시작됐다.
새 학기 시작일이 3월 2일로 된 건 5·16쿠데타 이후다. 대구고 학
생들한테는 토끼 사냥에 가라고 했다. 대구상고 학생들에겐 졸업생

1960년 2월 28일 대구 지역 고등학생들이 "횃불을 밝혀라, 동방의 별들아!", "학원의 자유를 달라"고 외치며 시위를 벌이는 모습.

송별회에 가라고 했고, 경북사대부속고 학생들에겐 일요일에 나와 임시 수업을 받게 했다. 학생들뿐만 아니라 공무원과 상인들한테도 다 '어떻게 해라', 지시를 내렸다. 이승만 정권으로선 이들을 믿을 수가 없으니까 그렇게 지시한 것이었다.

왜 이런 일이 벌어졌느냐. 이날 장면 부통령 후보가 연설하러 대구 수성천변에 나왔다. 사람들이 거기에 못 가게 하려고 이승만 정권이 그런 것이다. 장면이 쓴 글이 있다. '내가 가는 어디서나 싸늘하고 불안하기 짝이 없는 분위기가 감돈다. 이 선거 하나마나이지만, 대통령 후보가 죽었는데 부통령 후보마저 선거 운동을 안 하고 다니면 이 땅의 민주주의가 어떻게 되겠는가. 안 되는 걸 뻔히 아는 싸움이지만 어쩔 수 없이 내가 하고 다니는 것인데 험악한 분위기였다', 이렇게 쓰고 있다. 바로 이런 것 아닌가.

2·28의거를 다룬 1960년 3월 1일 자 동아일보. 이날 동아일보는 4개 고교 1,000여 명이 궐기했고 250명이 연행됐다고 보도했다.

── 2월 28일 이후, 그리고 대구 이외의 지역에서는 어떠했나.

2월 28일 경북고 학생 등의 시위에 이어 29일에는 대구상고 학생 40여 명이 시위를 했다. 대구에서는 3·1절에 예년과 달리 학교

별로 기념식을 하도록 했는데, 경북여고와 대구여고 학생 100여 명은 이날 대구시청 앞에서 침묵시위를 했다. 그리고 이날 새벽에는 '일제 시대의 장면의 모습'이라는 이름이 붙은, 국민복을 입은 장면이 일본 군인과 함께 찍은 사진이 들어 있는 벽보가 도시 곳곳에 나붙었다. 그 당시 내가 살던 시골 동네에도 이 벽보가 붙어서 나도 봤다. 다시 말해 방방곡곡에 장면 민주당 부통령 후보를 비방하는 벽보를 붙인 것이다. 야비한 짓이었다. 나흘 후인 3월 5일 서울에서 시위가 일어났다. 장면 후보가 정견을 발표한 후 약 1,000명의 학생들이 종로 2가 화신백화점 부근에서 "부정 선거를 배격하자" 등의 구호를 외치며 15분 정도 행진했다.

2·28 대구 학생 시위를 잇는 큰 시위는 3월 8일 대전고에서 일어났다. 충청도에서 큰 시위가 벌어진 것이다. 이 시위가 3·15 마산 의거 전에는 제일 큰 시위다. 이것도 대구와 마찬가지로 권력이 학원을 도구화하는 문제와 관련돼 있었다. 정부 기관지나 다름없었던 서울신문을 학생들한테 강제 구독을 시키고, 수업 시간에 이승만 대통령 후보가 과거에 미국에서 했던 방송을 트는가 하면 이기붕 뉴스 영화를 강제로 관람하게 했다. 이날 시위는 전날(3월 7일) 대전고 교장이 학생 간부들을 불러 장면 후보 강연회에 가지 말라고 하자 그것에 반발한 학생들이 모임을 열고 계획한 것이다. 8일 오후 4시경 대전고 학생 1,000여 명은 시내 곳곳에서 "학생들을 정치 도구화하지 말라", "학원의 자유를 달라", "서울신문 강제 구독을 단호히 배격한다" 등의 구호를 외치며 시위를 벌였다. 경찰은 총 개머리판으로 학생들의 머리를 난타했다. 그러자 학생들은 돌을 던지면서 대항했다. 학생들은 대전역까지 진출했는데, 그곳에서 두 길로 나뉘어 경찰과 충돌하며 시위를 하다가 학교로 돌아갔다.

3월 10일에는 대전상고 학생 300여 명이 데모를 했다. 이날 수원에서도 수원농고 학생 200여 명이 시위를 했다. 12일에는 부산에서 약 150명의 해동고 학생들이 시위를 했다. 일요일인 13일에는 서울시청 앞, 미도파백화점 앞, 반도호텔 앞에서 학생들이 산발적으로 시위를 벌였다. 이날 오산고 학생 100여 명도 학원 자유를 요구하며 시위를 했다.

선거 전날인 14일 서울에서는 밤 8시경부터 중동고, 대동고, 균명고, 경문고 등 10여 개의 야간 고등학교 학생들이 주동한 시위가 인사동 입구, 화신백화점 앞, 광화문 네거리 등 곳곳에서 일어났다. 야간고 학생들이 조직적으로 일으킨 시위였다. 이날 시위에 참가한 학생은 1,000여 명으로 추산됐는데 균명고 50명, 대동고 52명 등 약 300명이 연행됐다. 2월 28일 대구, 3월 8일 대전에서 벌어진 시위 못지않게 규모가 큰 시위였다. 불우한 학생들이 많이 다니던 여러 야간 고등학교의 학생들이 부정 선거가 감행되기 전날 야간에 서울의 주요 거리에서 조직적으로 시위를 벌였다는 점에서 각별히 의미를 부여할 수 있는 시위였다.☞

서울뿐만 아니라 부산에서도 꽤 큰 규모의 학생 시위가 있었다. 14일 오후 6시경부터 동래고, 부산상고, 데레사여고 등 여러 학교의 학생 600여 명이 스크럼을 짜고 데모를 했다. "공산당식 테러를 우리는 배격한다", "우리 선배는 썩었다", "우리가 민주 제단 지

☞ 3월 14일 밤 서울에서 고등학생들이 외친 구호 중 하나는 흥미롭게도 "대한민국은 민주공화국이다"였다. 동아일보(1960년 3월 15일 자)에 따르면, 이날 시위에 참가했다가 경찰봉에 머리를 맞아 5센티미터 정도 파열되는 상처를 입은 한 고등학생은 "대한민국의 헌법을 지키기 위해서" 시위를 벌였다고 밝혔다. 그로부터 수십 년이 지난 21세기에 촛불을 들고 거리에 선 수많은 시민은 3·15 부정 선거 전날 울려 퍼진 "대한민국은 민주공화국이다"라는 구호를 다시 외치게 된다.

키자", "학도여 일어나라, 우리 피를 보이자"와 같이 구호도 강렬해 주목을 받았다. 이날 포항(포항고), 원주(원주농고), 인천(송도고)에서도 시위가 일어났다.

3인조·9인조 투표, 공개 투표, 대리 투표, 무더기 표
"국민 주권에 대한 포악한 강도 행위"

— 고교생들의 시위가 거듭되는 가운데 드디어 3월 15일을 맞이한다. 이날 선거 부정은 어떻게 자행됐나.

예상대로 인간 세상에서 어떻게 이런 부정 선거가 저질러졌을까 싶을 정도의 부정 선거가 백주에, 태연히, 국민의 이목을 조금도 의식하지 않고 자행됐다. 민주화운동기념사업회에서 펴낸 《4월혁명 사료 총집》에 나와 있는 것을 중심으로 사례를 살펴보자.

먼저 곳곳에서 사전 투표가 행해졌다. 사전 투표는 비밀리에 이뤄졌기 때문에 기자들이 알아내기가 아주 힘들었다. 전남 지방에서는 투표 시작 1시간 전인 오전 6시부터 공무원들이 조별로 투표를 실시했는데, 민주당 참관인은 들어갈 수 없었다. 서울 동대문갑구에서는 투표 시작 전에 민주당 참관인이 투표함을 검사했는데, 그 안에 투표용지가 이미 들어 있었다. 이걸 본 민주당 참관인이 항의하자 형사들은 그를 파출소에 연행했다. 용산구의 한 투표소에서는 민주당 참관인이 쫓겨났다가 오전 9시경 다시 투표소에 갔더니 이미 75퍼센트가 투표를 마친 상태였다. 용산구 곳곳에서 참관인이 투표함을 검사하고 봉인하는 것조차 못하게 했다. 그 때문에 민주

동아일보 1960년 3월 16일 자. "엉망진창 된 주권 행사"라는 제목으로 부정 선거 천태만상을 보도하고 있다. 왼편에서는 "민주주의 장송 데모"라는 제목으로 광주에서 벌어진 시위 소식을 전하고 있다.

당 용산갑 구에서는 오전 8시를 전후해 관내 33개 투표소에서 참관인을 철수시켰다. 민주당 참관인에 대한 폭행과 축출은 전국적으로 거의 대부분의 투표소에서 일어났다. 이뿐 아니라 야당에 투표했다고 해서 투표용지를 그 자리에서 뺏기고 투표소 안에서 자유당 완장 부대 및 반공청년단원들한테 폭행당하는 일도 일어났다. 한 유권자는 3인조 투표를 하지 않고 비밀 투표를 했다는 이유로 괴한 2명에게 두들겨 맞았다.

3인조·9인조 투표는 전국적으로 행해졌다. 조장을 맡은 건 자유당원, 경찰관, 공무원이나 그 가족 또는 자유당이 매수한 사람들이었다. 이들은 투표소에 함께 들어갔다. 조장이 가운데에서 양쪽 조원의 기표를 확인했다. 기표한 투표용지는 유권자가 직접 투입하지 못하게 했다. 그걸 선거 위원한테 일단 전달해야 했다. 그러면 선거 위원이 검사한 후 직접 투표함에 넣었다. 그에 더해, 번호표가 없으면 투표소에 출입하지 못하게 했는데 곳곳에서 번호표가 유권자의 절반에게만 배부돼 시비가 벌어졌다. 번호표를 못 받아 투표권을 행사하지 못한 유권자들이 전국적으로 막대한 것으로 추산됐다. 대구의 경우 유권자의 약 30퍼센트가 번호표를 받지 못했다고 보도됐다. 오후에는 일부 지역에서 번호표를 나눠줬는데, 3인조 투표가 이미 성공리에 이뤄져 자유당이 투표 결과를 낙관하고 이들의 요구를 들어준 것으로 추측됐다.

많은 투표구에서 기표소가 통금 시간에 설치됐는데, 기표소의 대부분은 칸막이 안에서 서로 오갈 수 있도록 내통식 구조로 돼 있었다. 3인조 투표가 원활하게 이뤄지도록 그렇게 해놓은 건데, 그 때문에 유권자들이 투표하면서 서로 볼 수 있었다. 민주당 참관인이 내통식 기표소에 항의하다가 여러 곳에서 쫓겨났다. 그뿐 아니라 대리 투표, 무더기 표도 많았다. 오후에는 무더기 표 투입이 더 심해졌다.

마산 같은 데에선 번호표를 나눠주지 않아가지고 소동이 벌어졌다. 거기에다, 3인조로 가서 투표하려고 하는데도 누군가 바깥에서 구멍을 뚫고 투표하는 모습을 쳐다봤다. 그리고 야당 선거 위원과 참관인들을 두들겨 패서 대부분 내쫓아버렸다. 투표소 구내에서는 자유당 완장 부대가 공포 분위기를 조성했다. 이런 상황이었기 때문에 민주당 마산시당은 오전 10시 30분에 선거 포기를 선언했다. 최초의 선거 포기 선언이었다. 그리고 오후 들어 그 유명한 3·15 의거로 불리는 시위가 나타난다.

경남 전체가 다 이런 식이었다. 한 교사는 기표소에서 혼자 투

개봉되는 선거 투표함. 조작을 너무 심하게 해서 유권자 수보다 자유당 후보들이 얻은 표가 더 많은 황당한 상황이 발생하기도 했다. 사진 출처: e영상역사관

표하려 하다가 경고 처분을 받았다. 그런데도 "내가 투표하려 하는데 뭘 그러느냐" 하고 찍고서 초등학교에 들어갔더니, 교장이 불러서 사표를 제출하라고 했다. 그래서 사표를 냈다. 그런데 며칠 후 4·19가 날 거라고 누가 알았겠나. 그러면서 학교에 되돌아갈 수 있게 된 거다. 기가 막힌 나라다.

민주당 경남도당에서는 이날 오후 1시 30분에 선거 무효를 선언했다. 오후 4시 30분에는 민주당 중앙당에서 3·15선거는 불법, 무효라고 선언했다. 민주당은 이승만 집권 12년간 갈수록 불법화하고 추잡해진 부정 선거 양상이 드디어 악의 절정에 달했다고 규탄했다. 민주당은 이승만 정권이 경찰국가 수법을 모두 동원해 최고의 포악 선거를 단행할 것을 결의하고 다음과 같은 짓을 저질렀다고 비판했다. "1. 헌법 정신에 위반되는 조속 선거(조기 선거) 2. 야당계 인사 입후보 등록의 폭력 방해", 여기서 2번은 장택상, 박기출의 정부통령 입후보 등록을 폭력으로 방해한 걸 가리킨다. "3. 무수한 유령 유권자의 조작 4. 야당 선거 운동원의 살상 자행 5. 대다수 참관인 신고의 접수 거부 6. 신고된 소수 참관인의 입장 거부 또는 축출 7. 헌병, 경찰, 폭한暴漢에 의한 공포 분위기의 조성 8. 기권 강요 9. 투표 개시 전에 4할 무더기 표 기입 10. 투표함 검사 거부 11. 내통식 기표소의 설치 12. 3인조 강제 편성 투표 13. 4할 공개 투표의 강요 14. 공개 투표 불응자에 대한 상해 15. 집단 대리 투표 등등." 민주당은 이것들이 "선거라는 이름 아래 이뤄진 국민 주권에 대한 포악한 강도 행위이며 주권 강탈에 불과한 것"이라며 "본당은 결국 도살되고 만 민주주의의 시체를 앞에 놓고 통곡하면서 3·15선거는 전적으로 불법, 무효임을 만천하에 엄숙히 선언한다"고 발표했다.

부정 선거 부작용에 화들짝 놀란 자유당, 황급히 감표 지시

— 개표 부정도 심하지 않았나. 예컨대 조작을 너무 심하게 해서 유권자 수보다 자유당 후보들이 얻은 표가 더 많은 황당한 상황이 발생하고, 이걸 덮으려 투표함을 통째로 태우기도 하지 않나.

강원도 화천 같은 데서는 '개표하는데 100퍼센트가 넘는다'

고, 선거대책위원회를 경유해서 자유당 기획위원회에 연락했다. 기획위원회는 선거를 총괄한 곳이다. 어떻게 하면 좋겠느냐는 것이었다. 다급해서 연락하지 않을 수가 없었나 보더라. 자유당 쪽 득표율을 빨리 낮추라고, 감표 지시를 내렸다.

개표 상황을 지켜보던 국무위원, 자유당 기획위원, 선거대책위원들이 자유당 후보의 득표율이 95퍼센트 어쩌면 97퍼센트가 넘을 것 같은 상황이 되니 걱정하기 시작한다. 그래서 최인규, 이강학 이런 사람들이 각 도 경찰국장을 한밤중에 경비 전화로 불러냈다. '이승만은 80퍼센트, 이기붕은 70~75퍼센트 선으로 조정하라', 이렇게 지시했다.

나중에 실제 득표율은 더 올라갔다. 이승만은 88.7퍼센트, 이기붕은 79퍼센트로 나온다. 어쨌든 이렇게 지시가 내려오니까 각지에서 부랴부랴 감표에 들어갔다고 돼 있다. 일부 지방에서는 최병환 내무부 지방국장이 '50퍼센트 선으로 조정해라', 이렇게 말을 잘못하는 바람에 혼란이 일어났다고 돼 있다. 선거가 이랬다.

이승만 "백색 전제"에 맞서
떨쳐 일어선 1·2차 마산의거

4월혁명, 다섯 번째 마당

김 덕 련 4월혁명의 원인을 3·15 부정 선거에서만 찾으려는 경향이 일각에 있다. 이승만 대통령은 부정 선거를 몰랐다는 강변과 맞닿은 흐름으로 보인다. 이는 4월혁명의 의의를 축소하는 것에 더해, 중요한 여러 현상(예컨대 도시 하층민이 적극 참여한 것 등)을 설명하지 못하는 문제도 안고 있다는 생각이 든다.

서 중 석 3·15 부정 선거와 '피의 화요일' 4·19 시위, '승리의 화요일' 4·26 시위 같은 각종 시위에는 이승만 정권의 전반적인 성격이 집약돼 있다. 단순한 부정 선거에 대한 항의라고 볼 수 없는 면이 그 시기에 너무나도 강하게 드러난다.

2·28 시위 하나만 보더라도 학생들을 일요일에 강제 등교시키고 어떤 학생들은 토끼몰이에 보내버리는 것을 단순한 부정 선거 문제라고 볼 수가 없지 않나. 포악한 강권으로 모든 걸 해결할 수 있다고 생각하는 독재 만능에서 자연스럽게 나온 행태이자, 폭정을 조금도 부끄러워하지 않는 사고가 아니면 나타날 수 없는 현상이다. 어떻게 이런 일을 눈뜨고 지시할 수 있느냐, 이 말이다. 그건 이승만 정권이 어떤 정권인지를 말해준다.

2·28 시위에서 3·15 시위 사이에 여러 고등학교에서 시위가 일어난다. 제일 많이 나오는 구호가 뭐냐 하면 '학원에 간섭하지 말라. 우리 학교를 감시하지 말라', 이런 요구다. 특히 사찰계 경찰을 동원해서 국민과 학생을 감시하는 것에 대한 불만을 이 시기에 제일 많이 이야기하는 것을 볼 수 있다. 그러나 "공산당식 테러를 우리는 배격한다", "우리에게도 인류애를 달라", "학도여 일어나라! 우리 피를 보이자" 등의 구호가 선명하게 말해주듯이 전체적으로는 이승만 정권의 억압과 학정, 테러, 비인도적 행위, 부정 선거에

대한 젊은이들의 충천하는 분노가 담겨 있었다. 국민의 이목을 전혀 개의치 않겠다는, 매일같이 보도된 수많은 부정 선거 사례, 뻔뻔스럽게 각지에서 자행된 공개 모의 투표, 곳곳에서 일어난 테러 등 폭력과 살인에 대한 분노가 고등학생들의 피를 끓게 해 "학도여 일어나라", "우리가 민주 제단 지키자"라고 외치며 거리로 뛰쳐나오게 한 것이다.

침묵 깨고 일어선 제1차 마산의거
정부 수립 후 최대 규모 반정부 시위

—— 4월혁명에서 빼놓을 수 없는 것이 마산 시민들의 항쟁이다. 3·15의거에 이어 4월에도 마산 시민들이 불의에 맞서 용감하게 들고일어나 역사를 바꿨다. 우선 3월 15일에 마산 시민들은 어떻게 맞서 싸웠나.

부정 선거에 항의하는 시위가 3월 15일 진주, 춘천, 포항, 서울, 광주에서 일어났다. 광주를 제외하면 소규모였다. 광주의 경우 그 내용이 잘 알려져 있지 않은데, 마산 3·15의거를 이야기하기 전에 광주 사례를 한번 살펴볼 필요가 있다. 15일 낮 12시 50분경 광주의 민주당원들이 장장葬章을 두르고 백건을 쓰고서 '곡哭 민주주의의 장송'이라고 적힌 조기弔旗를 두 개 들고 "민주주의는 절명하였다", "우리의 자유를 찾자"고 외치며 1,000여 명의 군중과 함께 전남도청으로 향했다. 오후 1시 15분경 급거 출동한 무장 경관대 200명 또는 300여 명이 이들을 가로막고, 두 대의 소방차로 물세례를

1차 마산의거 당시 시위대와 경찰 간의
투석전으로 어질러진 마산시청 앞 광경.
사진 출처: (사)3·15의거기념사업회

마산시 민주당원들의 시위 모습. 민주당원들은 앞장서서 "3·15는 부정 선거다!", "협잡 선거 다시 하라"는 구호를 외쳤고, 시민들과 학생들이 합세했다. 사진 출처: (사)3·15의거기념사업회

안기면서 난폭하게 유혈 진압을 했다. 이필호 의원 비서 조계현이 장총으로 후두부를 맞아 피를 뿌리며 쓰러지고 민주당 전남도당 선전부장 김녹영은 발에 밟히는 등 5명이 다쳤다. 소방차에서 물을 세차게 뿌려 시위 참가자들은 숨이 콱콱 막힐 지경이었다. 그럼에도 민주당원과 200여 명의 군중은 경찰 제지를 뚫고 도청 앞까지 갔다. 이때 이필우 등 4명이 연행됐다가 오후 2시 10분경 풀려났다. 광주 시위는 오후 1시 25분경 끝났지만, 광주의 민주당 선거 사무소에서는 남녀 당원 100여 명이 시위 때 했던 것처럼 "아이고! 아이고!" 하면서 곡을 했다('아이고!' 시위).

이제 마산으로 가보자. 3월 15일 마산에서 큰 규모의 의거, 항쟁이 일어나지 않았더라면 우리 역사는 어떻게 됐을까. 이승만 정권은 1950년대 내내 부정 선거를 자행하고 비리와 부패를 저지르면서 민중을 억압했다. 그런 이승만 정권이 1960년에는 3·15 부정 선거를 저질렀는데도 전국이 조용했다면 한국인은 무슨 소리를 들

마산 시위에서 경찰에 연행되고 있는 학생. 사진 출처: (사)3·15의거기념사업회

었을까. 마산에서 일어난 항거는 3·15선거가 어떻게 치러졌는가를 널리 알렸을 뿐만 아니라 한국인도 정의감이 살아 있고 불의에 분노한다는 것을 전 세계에 보여줬다. 이 점에서 마산 3·15의거는 우리 역사에서 대단히 중요한 위치를 차지한다.

지난번에 이야기한 것처럼 15일 오전 10시 30분, 민주당 마산 시당 간부들은 민주당 선거 위원 및 참관인을 강제 축출하고 선거권(번호표)을 주지 않고 3인조 공개 투표 등을 자행한 것에 항의해 선거 포기를 선언했다. 오후 1시경 민주당원이자 도의원이던 정남규 등이 당사 앞에서 부정 선거 실상을 폭로하는 방송을 했다. 오후 2시경 민주당원들이 앞장서서 "3·15는 부정 선거다!", "협잡 선거 다시 하라"는 구호를 외쳤고, 시민들과 학생들이 합세했다. 오후 3시 40분경 민주당원 30여 명이 "협잡 선거 물리치자", "투표할 자유를 달라!" 등의 구호가 적힌 플래카드를 들고 시위에 나섰고, 시민들이 이것에 호응하면서 수천 명이 시위대를 형성했다. 시위가 1시간 반 정도 계속되자 경찰이 출동해 정남규 등 민주당 간부 6명을 연행했다. 그러자 시위대는 남성동파출소 쪽으로 향했고, 소방차의 소방 호스에 대항해 돌을 던졌다. 그때 녹색 제복을 입은 반공청년단원 10여 명이 스리쿼터를 타고 와 몽둥이로 시민들을 무차별 폭행했다. 경찰과 반공청년단원들의 진압으로 시위대는 오후 6시경 해산했지만, 한 시간 후인 오후 7시경 다시 모였다. 오후 7시 30분경 시위대는 1,000여 명이 됐고 그 후 계속 늘어났다. 시위대가 남성동파출소에 돌을 던질 무렵 전기가 꺼져 시내가 암흑 세상이 됐다.

오후 8시경 경찰의 실탄 사격으로 고등학생이 쓰러졌다. 경찰 발포에 격분한 군중은 "부정 선거 다시 하라"고 외치면서 파출소, 자유당 사무실 등에 돌을 던지고 집기를 부쉈다. 이때 부녀자, 특히 여학생들이 치맛자락에 돌을 날라 와서 경찰의 발포와 소방차의 물세례에 대항했다. 그렇지만 경찰이 무차별 발포하고 조명탄을 수십 발 쏘아대자 학생들과 시민들은 피신했다. 경찰은 학생들에게 총격을 가하고 개머리판으로 사정없이 구타했다. 시위대는 북마산파출소 쪽으로 피신하다가 파출소에 돌을 던졌고, 오후 9시 30분경 북마산파출소가 불타기 시작했다. 시위대는 변절해 자유당으로 넘어간 국회의원 허윤수의 집과 자유당 마산시당 당사, 서울신문사 마산총국, 국민회 마산지부, 남성동파출소 등을 부쉈다. 일본 등지에서 온 귀환 동포, 품팔이 노동자, 구두닦이 등이 살던 신포동의 주민들도 적극 가세했다. 시위대는 경찰 발포에 맞서 계속 돌을 던졌으나 밤 11시경 일단락됐다. 그런데도 경찰은 도망가는 시위대를

경찰 간부의 내방에 도열해 있는 경찰들. 당시 경찰은 시민을 향해 실탄을 발포했다.
사진 출처: (사)3·15의거기념사업회

향해 발포했다. 곤봉과 총기를 든 반공청년단원들도 시위대를 추격
했다.

16일 새벽 1시경 용마산 마루에 다시 모인 청년 학생, 빈민층
은 새벽 2시 30분경까지 경찰과 맞닥뜨려 싸우다가 체포되거나 피
신했다. 3·15 마산 시위는 그렇게 해서 끝났다. 정부 수립 이후 최
대 규모의 반정부 시위였다.

거듭 강조하지만, 3월 15일에 일어난 마산 시위는 대단히 중요
하다. 그 이전에는, 부정 선거가 일어났는데도 많은 국민이 침묵하
지 않았나. 선거 종사자들도 침묵했다. 있을 수 없는 일이지만, 그
러했다. 사실 교원 노조가 빨리 만들어진 것도 그간 정권의 간섭에
시달리고 부정 선거에 거듭 동원됐던 사정과 관련이 있다고 본다.
이승만 하야 발표 이틀 후인 4월 28일 바로 대구에서 교원 노조 발

기인회가 소집된다. 하여튼 3·15 부정 선거에 대해 많은 국민이 항의를 하지 않던 상황에서 3월 15일 마산에서 시위가 벌어졌다는 건 굉장히 큰 의미가 있다. 이승만 정권이 어떤 정권인가를 전 세계가 알게 해줬다. 더더군다나 제1차 마산 시위에서 8명이나 죽었다. 도대체가 폭력 강권 정권이 아니면 어떻게 이런 사태가 났겠나. 경찰이 시위를 진압하러 나오면서 어떻게 실탄을 장전하고 나오느냐, 이 말이다. 참으로 무서운 일이지 않나. 시민을 향해 총탄을 막 쏴서 8명이나 죽고 수십 명이 다치는 사태가 일어났다. 이게 나중에 논란이 된다.

제1차 마산의거를
난동으로 몰아간 이승만

— 3·15의거에 대해 이승만 정권은 어떤 반응을 보였나.

3월 16일 내무·법무·국방부 장관이 이승만 대통령에게 '마산 사태'에 대해 보고하자 이 대통령은 "학생들의 데모 등을 관대히 처분해서 그렇게 되지 않았는가?"라고 반문했다. 이 대통령다운 반문이었다. 17일 이강학 치안국장은 마산 사건이 공산당 수법과 유사하게 이뤄진 증거가 있어 공산당 개재 여부를 예의銳意 수사하고 있다고 밝혔다. 이승만 정권이 전가의 보도를 빼든 것이다. 18일 오후에는 국회의장이자 부통령 당선자로 돼 있던 이기붕이 기자 회견을 열었다. 여기서 이기붕이 3인조 투표가 불법이 아니라고 말한 것도 있을 수 없는 발언이었지만, "총을 줄 때는 쏘라고 준 것이지 가지고 놀라고 준 것은 아니다"라고 말한 것이 공분을 불러일으키며 화제가 됐다. 이날 내무부 장관 최인규가 사표를 냈다.

3·15 마산의거에 대해 주목할 만한 이 대통령의 발언은 3월 19일에 가서야 나왔다. 선거와 의거가 있은 지 무려 4일이나 지나서 나온 것이다. 이날 이 대통령은 3·15선거일에 "마산에서 지각없는 사람들의 선동으로 난동이 일어나 살상자가 나게" 됐다고 지적하고, "특히 마산에서 일어난 난동에는 철없는 어린아이들을 앞장세워 돌질을 하고 경찰을 습격하고 방화하며 가옥을 파괴한 것을" 깊이 반성해야 할 일이니 "범법한 자들을 법대로 다스려야 할 것"이라고 밝혔다. 이 대통령이 마산의거를 야당의 사주로 일어난 난동으로 규정한 것이다. 그렇지만 3·15선거가 어떻게 치러진 선거인지를 잘 알기 때문인지 그래도 비교적 부드럽게 담화를 발표했다고 볼 수 있다. 이 담화문 뒷부분에 가서야 "이번에 또다시 나를 대통령으로 선거하여준 우리 국민 여러분께 감사"하다고 당선 인사를 한 것은 전에 얘기한 대로 3·15 부정 선거를 이해하는 데 아주 중요하다. 그렇지만 이승만은 3월 23일 AP통신의 서면 질의에도 "정부가 질서 유지를 위한 경우 이외에는 선거에 손을 대지 않았다", "경찰은 하시何時에도 간섭하지 않았다"고 억지 주장을 했다. '이 대통령은 자신의 잘못을 인정하지 않는다'는 얘기를 이 선거에서도 입증한 것이라고 할까. 23일 이 대통령은 내무부 장관에 홍진기를 임명했다.

이에 앞서 19일 오전 조순 자유당 대변인이 전날(18일) 이기붕 의장 발언 중에서 3인조 투표는 불법인데 기자들이 잘못 알아듣고 쓴 것이라고 해명해 또다시 실소를 금치 못하게 했다. 3인조 투표가 전국적으로 실시됐기 때문에 이기붕은 3·15선거의 불법, 부정을 부인하려고 그게 불법이 아니라고 강변한 것이었다. 그렇지만 누가 봐도 3인조 투표는 불법 아닌가. 그렇기 때문에 조순이 그걸 정정한다고 한 것인데, 결과적으로 이기붕과 자유당 대변인이 3·15선거의 불법, 부정을 얼떨결에 만천하에 폭로한 꼴이 되고 만 것이다. 한편 이기붕이 3월 20일에야 당선 감사 인사를 한 건 괴이하기도 하고 솔직하기도 한 셈이다.

—— 3·15의거 이후 제2차 마산의거가 일어날 때까지 시위 상황은 어떠했나.

3월 16일부터 제2차 마산의거가 일어나는 4월 11일까지는 거의 한 달이나 되는 긴 기간이었는데, 이 시기에 큰 규모의 시위는 없었다. 2월 28일에서 3월 14일까지는 고등학생들을 중심으로 한 학생 시위가 주로 벌어졌다. 마산 시위에 이어 3월 16일 마산의 이웃 도시인 진해와 부산, 충무(오늘날 통영)에서 학생들이 시위를 벌였다. 다음 날(17일)에는 진해고 학생들이 시위를 했다. 이날 서울의 성남고 학생 400여 명이 플래카드를 들고 시위한 것은 주목을 받았다. 서울에서 한 학교 학생들이 단독으로, 영등포 중심 거리에서 크게 시위를 한 점에서도 그랬지만 "왜놈의 총칼에 선열들이 쓰러진 자리에 우리 학생들은 우리 경찰의 손에 죽었다"는 토로문吐露文도 호소력이 있었다. 비교적 규모가 큰 데모는 3월 24일 부산고 학생들에 의해 일어났다. 이날 학생 1,000여 명은 '동포에게 호소하는 글'에서 "동포여, 잠을 깨라! 일어나라! 짓밟힌 민주주의를 위해 일어나라"로 시작되는 비장한 글을 발표했다. "삼천만 겨레를 모두 구속하라. 백만 시민이여, 잠을 깨라! 선열들의 울음소리가 들리지 않느냐"로 끝나는 이 글은 '전 부산 학생 일동'의 이름으로 돼 있다. 다음 날인 25일에는 부산 동성중·고, 데레사여고, 경남공고 학생들과 혜화여고 학생들이 시위를 이어갔다. 4월 4일에는 전북대생이 교내에서 시위했다.

3·15선거 이후 민주당원들이 일부 지역에서 데모를 했지만 큰 시위는 없었는데, 1960년 3, 4월 항쟁 중 민주당과 직접 관련된 시위 가운데 가장 큰 데모가 4월 6일 벌어졌다. 민주당 간부들과 민권수호총연맹 등에서는 이날 오전 10시경 "3·15선거는 불법이다. 무효다!"라고 외치며 서울시청을 향해 행진하고, 시청 앞 광장에서 연설한 후 을지로로 향했다. 시민, 학생들이 시위대에 합류해 2,000~3,000여 명이 거리를 메운 속에서 "3·15선거는 불법이다. 무효다!", "이승만 정부는 물러나라"고 외쳤다. 이 중 청년 학생 400여 명이 "경무대로 가자"고 외치며 중앙청 쪽으로 향했지만 경찰에 저지당했다. 4월 9일에는 민주당 경남도당 당원들이 시위를 벌였다.

이처럼 3월 16일에서 4월 11일까지 꽤 긴 시일 동안 몇몇 고교에서 시위를 하고 민주당원들이 중심이 돼 데모를 하기도 했지만, 정국에 끼친 영향은 미미했다. 이대로 가다가는 3·15선거가 인정돼 이승만·이기붕 체제가 등장할 수 있는 상황이었다. 바로 그때 제2차 마산 시위가 일어났다.

4·19의 도화선이 된 제2차 마산의거
1960년 김주열과 1987년 박종철… 어머니는 강했다

── 제2차 마산의거 하면 빼놓을 수 없는 인물이 김주열 아닌가.

제2차 마산의거는 3·15 시위 때 경찰 발포로 사망한 김주열의 시체가 마산 중앙부두 앞바다에 4월 11일 오전 10시 조금 넘어서 떠오르고 그 시신이 도립병원에 안치되는 과정에서 시작된다. 그러면서 한쪽 눈에 최루탄이 박힌 김주열 시신 모습이 전국적으로 신문에 나오는데, 얼마나 몸서리쳐지는 모습인가. 김주열은 마산상고 예비 학생이었다. 4월 1일 마산상고에 들어가게 돼 있었는데 시위에 나섰다가 그렇게 된 것이다.

마산에서 4월 11일부터 3일간 계속 시위가 일어난 것도 1979년 부마항쟁, 1980년 광주항쟁 같은 걸 제외하면 아주 드문 일이다. 연달아 계속 일어나는 일이 별로 없는데, 마산에서는 3일간 일어났다. 그와 함께 '김주열 시신이 저렇게 끔찍하게 나타났다. 더 이상 좌시할 수 없다. 양심이 있는 인간으로서 어떻게 참을 수 있느냐', 이런 분노가 전국을 맴돈 것이다. 그러면서 서울을 들끓게 해 4·19가 난 것이다.

사실 제2차 마산의거가 없었으면 4·19는 조금 늦게 일어났거나 어쩌면 상당히 늦게 일어났을 수도 있다. 정상적이라고 볼 수 없던 이승만·이기붕 정권은 어차피 망하게 돼 있었지만, 그렇다고 하더라도 제2차 마산의거가 없었으면 시간을 더 끌었을 것이고 우리나라가 어려움을 더 크게 겪었을 거다. 제2차 마산의거 덕분에 그렇게 되지 않았다. 그것은 4·19로 바로 이어지는 도화선으로서도 의미가 크다.

근현대사를 보면 중대한 사건이 한 사람의 죽음과 직결된 경우가 적지 않다. 고종의 죽음과 1919년 3·1운동의 관계가 그렇고, 1926년 6·10만세운동도 순종이 죽으면서 일어났다. 3·1운동이 일제가 예기치 못한 상황에서 일어났다면, 1926년 4월 순종이 죽었을

3·15 시위 때 경찰 발포로 사망한 김주열의 시체가
마산 중앙부두 앞바다에 떠오른 모습(왼쪽).
김주열의 시신이 조그마한 선박으로 인양되는 모습(오른쪽).
사진 출처: (사)3·15의거기념사업회

때 일제는 시위가 일어날 것으로 예상했다. 그래서 전국에 걸쳐 요시찰인 단속에 나섰다. 이때 천도교 측과 조선공산당도 제2의 3·1운동을 일으키기 위한 준비에 들어갔다. 그리고 1946년 대구 폭동이라고도 하고 10월항쟁이라고도 하는 민중 봉기를 봐도, 그해 10월 1일 시신을 앞세우고 대구에서 시위를 벌인 것이 봉기의 중요한 계기가 됐다. 아울러 다 알다시피 1987년 6월항쟁은 박종철의 죽음과 떼어놓고 생각할 수 없지 않나.

— 제2차 의거 당시 마산 분위기는 어떠했나.

시신이 안치된 도립병원으로 학생들도 막 뛰어오고 그랬지만 나이 먹은 사람들도 많이 달려왔다. 놀라운 건 여성이 굉장히 많이 몰려왔다는 것이다. 어머니들이 '주열이를 살려내라', '내 아들도 이렇게 안 될 거라고 누가 보장하느냐'고 울부짖고 소리치고 하면서 다시 시위가 시작된 거다. 그런데 첫날 시위에서 이 대통령과 자유당 정권이 정말 놀랄 만한 구호가 나왔다. "이승만 정권 물러나라", "이기붕을 죽여라", "학살 경관 처단하라", 이것이다. AP통신은 12일발 뉴스에서 제2차 마산 시위를 소개하면서 이 시위가 "첫째는 이 대통령을 공공연히 비난하고 있다는 사실이다"라고 지적했다. 대단히 중요한 지적이었다. AP통신 뉴스는 전 세계로 전달됐다.

11일 오후 6시 15분경 중·고등학생들이 시체 안치실에 들어가 시신을 가지고 나오려 하다가 제지당하면서 시위가 시작됐다. 일부 시위대는 신마산으로, 일부 시위대는 구마산으로 향했다. 남녀 시민 수천 명이 합세했고, 점포들은 철시했으며, 전등을 꺼서 마산 시가 암흑으로 변했다. 교통도 마비됐다. 시위대는 마산시청과 소

"죽은 학생 책임지고 리 대통령 물러가라"라고 적힌 현수막을 들고 어머니들이 시위를 벌이고 있는 모습. 제2차 마산의거에서 여성들이 한 역할은 특별히 중시해서 볼 필요가 있다. 사진 출처: (사)3·15의거기념사업회

방서를 습격하고, 자유당 건물을 부수고, 서울신문 마산지국 건물에 돌을 던졌다. 변절한 국회의원 허윤수의 집을 파괴했고, 허윤수와 관계가 깊은 동양주정회사도 공격했다. 밤 9시 10분경 시위대는 마산경찰서로 몰려갔다. 밤 9시 30분경 경찰이 발포해 1명의 사망자와 여러 부상자가 발생했다. 마산경찰서 앞에서 발포하자 군중은 피신하면서 곳곳에서 계속 시위를 벌였는데, 그 규모가 2만 명 정도로 추산됐다. 거리에 나와 있던 시민들을 합치면 4만 명가량이 시가를 메웠다. 시위대는 "이승만 정권 물러나라", "이기붕을 죽여라", "정부통령 선거를 다시 하라"는 구호를 외쳤다. 야간 통금 사이렌에 밤 11시 30분경 대부분의 시민은 귀가했다. 12일 새벽 1시쯤 마지막 시위대가 해산했다.

— 11일 이날 여성이 적극적인 역할을 했다고 지적했다. 구체적으

마산 성지여고 학생들이 꽃다발을 들고 행진하고 있다. 사진 출처: (사)3·15의거기념사업회

로 어떤 모습을 보였나.

어떤 사진을 보니 4월 11일에 어머니들, 여성들만 플래카드를 들고 시위를 하더라. 여성들의 시위에 쓰인 플래카드를 보면 '이승만 정권 물러가라'고 쓰여 있다. 우리나라에서 이런 시위는 지금까지도 찾기 어려울 것이다. 얼마만큼 어머니들이 분노했는가를 잘 보여준다.

제2차 마산의거에서 여성들이 한 역할은 특별히 중시해서 볼 필요가 있다. 한국일보는 1960년 4월 13일 자 조간에서 마산 상황을 보도하면서 "특히 데모에 호응한 다수의 부녀자들이 이채로웠다"고 썼다. 조선일보는 4월 12일 자 석간에서 부녀자가 물을 떠다주며 성원했다고 보도했다. 동아일보사에서 나온《비화-제1공화국》이라는 책을 보면 4월 11일 시위와 관련해 "이날 데모에는 특히 부녀자들이 많았다. '죽은 내 자식을 내놓아라', '나도 죽여달라'면

마산여자중·고등학교 학생들이 김주열의 시신에 꽃을 바치겠다며 꽃을 앞세우고 시가를 행진하다 경찰에게 제지당하고 있다. 사진 출처: (사)3·15의거기념사업회

서 그동안 보복이 두려워 눌려왔던 설움을 격렬한 어조로 터트렸다"고 기술돼 있다. 12일 시위와 관련해서는 도립병원에서 시신 해부가 지연되자 이곳저곳에서 부인들이 "아들을 가진 부모는 주열이 시체를 한번 보아라. 경찰이 얼마나 잔인한가를 알 수 있다"며 선동했다고 이 책에 나온다.

세계사를 살펴보면 역사의 고비에서 부모들, 특히 어머니들이 중요한 역할을 하는 경우가 있다. 프랑스대혁명의 경우 부녀자들이 베르사유궁에 가서 빵을 달라고 외치다가 루이 16세와 왕비 마리 앙투아네트를 앞세우고 파리로 돌아오는 일이 일어났는데, 이것이 프랑스대혁명을 한 단계 높이는 데 기여했다. 한국에서도 1987년 6월항쟁이 일어나기까지 박종철의 죽음이 얼마나 큰 역할을 했는가는 새삼스럽게 얘기할 필요가 없는 것이지만, 박종철의 죽음이 그토록 큰 파장을 불러일으킨 건 그 죽음이 남의 일이 아니고 부모, 특히 모든 어머니를 슬픔에 잠기고 분노하게 했기 때문이었다. 1960년에도 마찬가지였다. "아들을 가진 부모는 주열이 시체를 한번 보아라", 이보다 더 가슴을 파고드는 말이 있었을까. 4월 12일 시위에서 부녀자들이 물을 떠다주며 성원하고 시위대를 뒤따르던 시민들이 "자식을 지키자. 우리도 민주주의를 찾아야겠다"고 외친 건 운동의 자연스러운 발로였다.

여학생들도 제2차 마산의거에 적극 참여했다. 마산여고, 마산제일여고, 마산성지여고, 마산간호고등학교 학생들의 투지는 남학생들 못지않게 강했다. 임시 휴교 상태였는데도 4월 13일 마산성지여자중·고등학교와 마산여자중·고등학교 학생들이 김주열의 시신에 꽃을 바치겠다며 꽃을 앞세우고 시가를 행진하는 모습은 정말 감동적이었다. 난 그 사진을 볼 때 눈물이 나더라.

이처럼 제2차 마산의거에서 부녀자 또는 여성, 여학생이 한 역할은 민주화 운동사에서 평가를 받아야 한다. 당시 남존여비 사고가 강했던 것을 고려하면 그 의미가 더욱 크다고 할 수 있다.

부정 선거에 대한 항의일 뿐?
이승만 정권에 대한 총체적인 평가

— 11일 시위에서 정권 퇴진 구호가 나왔다. 그렇게 강한 구호가 등장한 이유는 무엇인가.

4월 11일 시위에서 "이승만 정권 물러가라"와 같은 강렬한 구

마산에서 격앙된 한 시민이 열변을 토하고 있다. 4월 11일 시위에서는 "이승만 정권 물러가라"와 같은 강렬한 구호가 나왔다.
사진 출처: (사)3·15의거기념사업회

호가 나왔는데, 이건 아주 드문 일이었다. 민주당원들의 시위를 제외하면, 4월 18일 고려대생 시위는 말할 것도 없고 19일 시위에서도 '이승만 물러가라'고 직접 요구하는 건 일부에서만 나온다. 주된 구호가 아니었다. 이게 주요 구호로 등장하는 건 4월 25일 교수단 시위 후반부에 가서다. 그런데 4월 11일에 '국부', '민족의 태양'으로 떠받들어야 했던 이승만에 대해 이렇게 정면으로 나온 거다. AP 통신이 이걸 전 세계에 타전했다. 한국에서 지금 놀랄 만한 일이 벌어지고 있다는 식으로. 그다음 날에도 시위는 크게 벌어지지만 이런 구호는 나오지 않았다. '부정 선거 다시 하라' 등의 다른 구호가 많이 나온다. 그만큼 첫날 시위는 굉장히 강렬했다.

왜 이런 구호가 나왔느냐, 이걸 생각해야 한다. 얼마만큼 마산 시민들이 분노했는가, 이게 단적으로 드러나 있는 거다. 그렇게 된 데는 3·15 부정 선거도 역할을 했지만, 그 부정 선거에 대해 시위를

"김주열 군을 사살한 경찰을 학생에게 맡겨라"라는 피켓을 들고 마산경찰서 방향으로 이동하고 있는 마산상고 시위대. 사진 출처: (사)3·15의거기념사업회

했더니 이승만 정권이 어떤 식으로 나왔느냐 하는 것도 크게 작용했다. 중앙에서는 이 대통령과 자유당 정권이 난동, 폭동이라고 얘기했고, 현지에서는 경찰이 도처에서 청년이나 학생들을 잡아갔다. 장소를 가리지 않고 검문검색을 하고 사람들을 연행해서 굉장히 심한 고문을 했다. 데모 주동자를 만들어내려는 것이었다. 총대와 곤봉, 야전 침대 막대기로 구타하고 군홧발로 짓밟았다. 머리 쪽을 난타당한 사람의 두개골이 터지고, 대퇴부가 부러지기도 했다. 또 당시 몇 개 파출소가 불타지 않았나. 그렇게 고문을 해 방화범으로도 몰아세우려고 한 것이었다. 중경상자나 피검자를 면회하기 위해 또는 행방불명된 자녀를 찾으려고 병원이나 경찰서에 찾아가면, 경찰이 "너도 빨갱이냐"라고 폭언을 하면서 구타했다.

정말 무서운 건 그런 정도가 아니라 '공산당 지하 조직이 좌익

保障된基本人權 그 누가 뺏을손가!

피로서 찾은 自由 총칼로서 뺏을소냐

마산 해인대 학생들의 시위 모습. 사진 출처: (사)3·15의거기념사업회

폭동을 일으켰다' 하는 걸로 의거를 몰고 가려고 했다는 것이다. 그래서 손석래 마산경찰서장과 강상봉 사찰계장의 지시로 노장현 사찰계 형사 주임 등이 경찰의 총에 맞아 숨져 도립병원에 안치된 세 젊은이의 시체 호주머니에다가 '인민공화국 만세', '이승만 죽여라' 등을 써넣은 쪽지까지 집어넣었다. 그 쪽지가 시체 호주머니 안에 있는 걸 봤다는 요지의 검안서 작성을 경찰이 요청했지만, 도립병원 원장이 그런 사항은 기재하지 못한다며 거절했다. 이 과정은 이승만 정권이 어떤 정권이었느냐 하는 걸 단적으로 말해준다.

이러니까 마산 시민들이 그야말로 격앙될 대로 격앙됐다. 그리고 몇몇 시신을 찾지 못해, 김주열 어머니 권찬주 여사는 '내 아들 찾아내라'고 마산 시내를 소리 지르고 다니고 그랬다. 바로 이런 점이 마산 시민들을 그렇게 격앙시켜 '물러나라', '죽여라', '처단해

마산경찰서 앞 시위 모습. 일부 시위대는 경찰이 피신한 남성동파출소 등 5개 파출소를 점거했고, 경찰서에 돌을 던지고 소방차 등에 불을 질렀다. 사진 출처: (사)3·15의거기념사업회

라' 같은 강한 구호가 첫날 나오게 만든 것이다. 제2차 마산 항쟁은 단순히 3·15 부정 선거에 대한 항의가 아니었다. 이승만 정권 전체에 대한 비판이 들어 있었다. 그 점이 아주 중요하다.

— 젊은이들의 시신 호주머니에 그런 무시무시한 거짓 쪽지를 넣은 이들은 어떤 사람들이었나.

이런 일을 저지른 자들이 대개 친일파였다. 이 점도 중요하다. 이승만 정권의 도구로 국민을 감시한 사찰계는 정부 수립 때부터 친일 경찰의 복마전이었다. 마산경찰서 사찰계장 강상봉, 사찰계 형사 주임 노장현은 둘 다 친일 경찰이다. 김주열 시체를 바다에 유기한 사람은 경비 주임 박종표였는데, 일본군 헌병 출신이다. 일제

때 그런 짓을 한 사람들이니까 이승만 정권 때 또 비슷한 일을 하는 것 아닌가.●

― 4월 11일 첫날 시위 이후 마산 상황은 어떠했나.

4월 12일 오전 10시경 마산공고 학생들의 시위를 시작으로 데모가 다시 벌어졌다. 때마침 내리는 부슬비에 시민 1만여 명이 우산을 들고 뒤따랐다. 창신고, 마산여고, 마산고 학생들도 시위에 나섰고 마산여중과 마산제일여고 학생들이 그것에 동참했다. 오후에는 마산상고 학생들이 시위에 나섰다. 오후 7시에 통금 사이렌이 울렸지만 시위는 계속됐다. 시민들은 마산 사건을 조사하기 위해 민주당 의원들이 와 있던 창원군청을 에워쌌다. 일부 시위대는 경찰이 피신한 남성동파출소 등 5개 파출소를 점거했고, 경찰서에 돌을 던지고 소방차 등에 불을 질렀다. 밤 11시 20분경 시위는 대개 다 끝났다. 밤 시위에서 부녀자들은 "고문 경관 체포하라"고 외쳤다. 이날 학생들의 구호는 대체로 온건했다. 경찰은 신임 경남경찰국장의 지시에 따라 무력 진압을 자제했다.

시위는 13일에도 계속됐다. 오전에 해인대(오늘날 경남대) 학생 100~200명이 비폭력을 외치며 시위했고 이어서 마산성지여자중·고등학교와 마산여자중·고등학교 학생들이 김주열에게 바칠 꽃을 앞세우고 시위에 나섰다. 이날 경찰은 다시 강경 진압을 했다. 오후 늦게 폭우가 쏟아지면서 3일에 걸친 제2차 마산 시위는 끝을

● 강상봉과 노장현은 1950년 보도연맹원을 비롯한 민간인 학살에 관여한 인물로 유족들에게 지목됐다. 친일, 학살, 반민주 행위가 한국 현대사에서 따로 떨어진 문제가 아님을 보여주는 대목 중 하나다.

맺었다.

빨갱이몰이에 나선 정권, 4·19 없었다면?
생각하기도 끔찍하다

── 제2차 마산의거에 대해 이승만 정권은 어떤 모습을 보였나.

제1차 의거가 일어났을 때는 마산경찰서 중심으로 배후를 빨갱이로 몰려고 했는데, 제2차 마산 항쟁이 일어나자 중앙 정부가 나섰다. 이승만 정권의 성격을 잘 보여주는 방식이었다. 4월 12일 국회 답변에서 내무부 장관 홍진기는 '마산은 과거의 역사를 볼 때 공산 계열이 많이 준동할 수 있는 곳으로 공산당이 움직이지 않았을까 하는 추측이 든다'고 말했다. 신언한 법무부 차관은 한술 더 떴다. 홍진기가 법무부 장관을 하다가 내무부 장관이 됐기 때문에 법무부 장관은 궐석이었다. 신 차관은 '시위의 양상이나 규모를 볼 때 공산당이 아니고서는 도저히 이런 짓을 할 수 없다는 걸 느끼고 있다'면서 '당국이 일본 조련(재일본조선인총연합회)계에서 마산 학생들을 격려하는 무전을 입수했고 어떤 사람은 당시 인민공화국 만세라고 부르는 것을 보았다고 한다', 이런 말도 안 되는 소리를 국회에서 서슴없이 했다. 두 사람은 국무회의를 마치고 나서 '마산 사태는 적색 마수가 배후 조종한 혐의도 있어서 수사 중', 이런 내용의 협박성 공동 담화문을 발표했다.

그러고 나서 이승만 대통령이 4월 13일 특별 담화를 발표한다. 이걸 읽어보면 글자 한 자 한 자를 그렇게 공들여 썼을 수가 없다

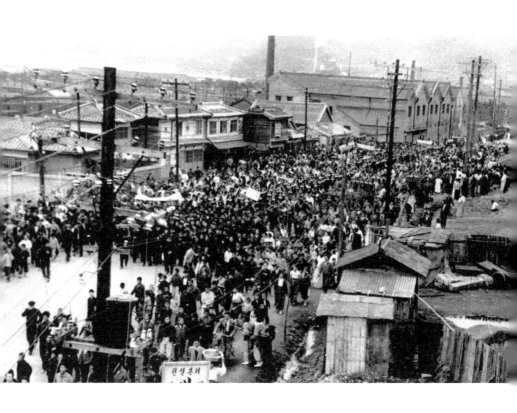

마산 시민들이 행진하는 모습. 제2차
마산의거가 없었으면 4·19는 조금 늦게
일어났거나 어쩌면 상당히 늦게 일어났을 수도
있다. 사진 출처: (사)3·15의거기념사업회

는 걸 느낄 수 있다. 레드 콤플렉스를 아주 교묘하게 자극했다. 요즘 사람들처럼 직설적으로 하는 게 아니었다. 이 대통령이 자주 사용했던 특유의 논법이 있다. 예컨대 '야당이 혼란을 일으켜서 싸움으로 결단을 내는 것만 하고 있다. 그래서 법을 다 무시하고 난당의 행위로 싸움이 일어나게 해서 사람을 살해하며, 학교에서 공부하는 아이들을 선동해 끌어내서 혼란을 일으켜 사회가 위태롭게 됐다'고 지적하고 나서는 '이 난동에는 뒤에 공산당이 있다는 혐의도 있어서 지금 조사 중인데 난동은 결국 공산당에 대해서 좋은 기회를 주게 할 뿐이니 모든 사람들은 이에 대해서 극히 조심해야 될 것이며', 이렇게 얘기한다.

4월 15일 특별 담화문은 더 심하다. 여기엔 공산당이란 단어가 아홉 번이나 나온다. 훨씬 심하게 몰아붙인다. 마산의거를 '철모르고 덤빈 폭동'으로 비하하고 '해내외에서 들어오는 소식은', 엉뚱하게 이렇게 표현했더라. '마산에서 일어난 폭동은 공산당이 들어와 뒤에서 조종한 혐의가 있다고 하는 것이다'라는 것이었다. 도대체 이런 해내외 소식을 어디에서 들었는지 알 수가 없다. 이어서 '공산당의 선전에 속아 이런 일을 한다면 가증·가탄할 것이다. 몰지각한 사람들이 선동하여 난동을 하다가 필경 이러한 불상사를 만들어 놓았으니 이것을 우리가 그냥 둘 수는 없는 것이다', 참 무서운 말이다. 이런 무시무시한 소리를 담화문에서 하고는 '난동을 일으켜서 결국 공산당에 좋은 기회를 주는 결과밖에 되지 않는다', 이렇게 딱 못을 박아버리는 것을 볼 수 있다.

이 글의 뒷부분을 보면 1948년 여순사건 당시 여수에서 공산당이 일어나서 사람을 많이 죽였다고 지적하고, '조그만 아이들이 일어나서 수류탄을 가지고 저의 부모들에게까지 던졌다'고 하는,

사실과 전혀 다른 말도 나온다. 이 담화문을 읽었을 때, 나도 처음 듣는 이야기여서 여순사건 관련 자료집을 다시 한 번 살펴봤다. 그렇지만 어디에서도 그 근거를 찾아낼 수 없었다. 하여튼 노대통령은 굉장히 교묘하게 마산의거를 여순사건과 연관해서 생각하게끔 한 것이다.

—— 이승만 대통령은 왜 그런 담화를 발표한 것인가.

이 대통령은 정치에 대해서는 머리 회전이 굉장히 빠른 분이었다. 김대중이나 김영삼, 김종필보다 훨씬 빨랐다. 아마 조봉암 정도가 그와 비슷했을 것이다. 이 시기에 이 대통령만이 제2차 마산의거가 결코 마산의거로 끝나지 않고 엄청난 폭풍을 몰고 올 것이라고 판단했다. 두 담화문을 한번 읽어봐라. 굉장히 긴데, 문장을 복잡하게 만들어서 매우 난해하다고 생각하겠지만 요점은 아주 간단했다. 빨갱이 문제와 연결시켜 공포심을 갖게 해 제2차 마산의거가 몰고 올 엄청난 파장을 막아보려는 것이었다. 85세가 넘은 노인네가 굉장히 힘들여 글자 하나하나를 몹시 신경 써서 쓴 것은 4·19를 막기 위해서였다. 그러나 15일 특별 담화문을 발표하고 나서 4일 후 이 대통령이 그렇게 두려워한 사태가 결국 오고야 말았다. 조봉암은 극우 권력에 의해 죽었는데 이승만은 민중의 분노에 무너졌다.

이 대통령이 13일 담화에서 '지금 조사 중'이라고 언급한 것도 간단한 게 아니다. 그날 국무회의에서 의결해 대공 3부 합동수사위원회를 구성했다. 이건 한국전쟁 때 이른바 부역자를 처벌하기 위해 특무대, 검찰, 경찰로 구성된 군·검·경 합동수사본부가 생긴 이후 처음 생긴 것이다. 합동수사위원회 구성원은 대검찰청 오제도 검사,

조인구 치안국장, 하갑청 육군 특무부대장이었다. 사상 검사로 유명한 오제도 검사, 무서운 사람이다. 조인구 치안국장은 조봉암·진보당 사건 때 담당 검사였던 사람이다. 맨 앞에 왜 '대공'이라는 말을 붙였겠나. 엄청난 빨갱이 사건을 조작하려고 이걸 만든 것 아니겠나. 마산 사건이 어떻다는 걸 누가 모르겠나. 그런데 대공 3부 합동수사위원회라는 무시무시한 기구를 만들어낸 것이다.

4·19가 났기에 망정이지, 4·19가 나지 않았더라면 어떻게 됐겠나. 6월 12일 자 경향신문은 이 합동수사위원회에서 어떠한 빨갱이 사건을 조작하려고 했는가를 비교적 자세히 보도하고, 그 끄트머리에 이렇게 썼다. "혁명이 며칠만 뒤늦었더라면 생각만 해도 오싹해지는 일이다." 제2차 마산의거에 바로 이어서 4·19가 나지 않았으면 마산 사람들, 정말 큰일 날 뻔하지 않았나. 이런 걸 보면 이승만 정권이 어떤 정권인지를 잘 알 수 있다.

이런 짓을 거듭 자행했기 때문에 서울대 문리대에서 나온 4·19 선언문에서 "적색 전제"와 함께 "민주와 자유를 위장한 전제주의의 표독한 전횡"을 비판한 것이다. 이게 중요하다. 이승만 정권은 "민주주의를 위장한 백색 전제"를 하고 있다고 못을 박았다. 이건 반공 전제와 같은 것이다. 파시즘적인 통치를 이 당시에 그렇게 불렀다. 그러면서 관료, 경찰을 "가부장적 전제 권력의 하수인"이라고 못을 박았다. 김주열의 시신은 "가식 없는 전제주의 전횡의 발가벗은 나상裸像"이라고 불렀다. 그냥 시체가 아니라는 것이다. 아주 적절하게 표현하지 않았나. 그러면서 "캄캄한 밤의 침묵에 자유의 종을 난타하는 타수의 일익임을 자랑한다", "일제의 철퇴 아래 미칠 듯 자유를 환호한 나의 아버지, 나의 형들과 같이, 양심은 부끄럽지 않다"며 우리도 싸우겠다고 얘기한다.

4·19 그날, 천지를 진동한 함성은 독재의 총구보다 강했다

4월혁명, 여섯 번째 마당

김 덕 련 제2차 마산의거 후 4·19가 일어날 때까지 시위 상황은 어 떠했나.

서 중 석 제2차 마산의거에 이어 마산에서 4월 15일 마산상고와 마 산고 학생들이 시위를 했다. 다음 날인 16일에는 청주공고 학생들 이 청주역에서 시위를 시도했다. 시위는 4월 18일에 확대됐다. 부산 에서 동래고 학생 1,300여 명이 시위를 벌이자 경남공고, 부산공고, 항도고 학생들이 합류했다. 청주에서도 청주공고, 청주상고, 청주여 상, 청주고 학생 약 2,000명이 오전에 시위에 나섰고 오후에도 청주 상고 학생들이 경찰과 투석전을 벌이며 시위를 벌였다. 부산에서건 청주에서건 "경찰의 학원 간섭을 물리치자"와 함께 "정부는 마산 사건에 책임져라"가 주된 구호였다.

무엇보다도 4월 18일은 고려대생들이 대규모 시위를 했다는 점에서 중요하다. 고려대 학생들은 4월 1일 개학할 무렵부터 시위 문제를 논의했고, 4월 10일경에는 캠퍼스 곳곳에 봉기를 촉구하는 벽보가 나붙었다. 학생들은 4월 16일 신입생 환영회에 맞춰 시위를 계획했지만, 이것을 알아챈 학교 측에서 신입생 환영회를 18일로 연기했다.

4월 1일 새 학기가 시작되자 시위 문제를 논의한 건 고려대만 이 아니었다. 여러 대학에서 논의했는데, 그러던 중 마산에서 제 2차 시위가 3일간 큰 규모로 일어나자 '우리 대학생도 시위를 해야 한다'는 분위기가 전반적으로 조성됐다. 그런 속에서 고려대 학생 들이 먼저 데모를 한 것이다. 고려대 데모는 규모가 큰 최초의 대학 생 시위라는 점에서도 의의가 있지만, 4·19를 더 큰 규모로 촉발하 는 계기가 됐다는 점에서도 의의가 크다. 고려대 데모는 큰 틀에서 보면 4·19의 시작이었다고 말할 수 있다.

깡패들의 고려대생 습격 사건,
타오르는 분노에 기름을 붓다

—— 대학생 시위는 왜 그렇게 늦게 일어난 것인가.

고려대 시위 이전에 대학생 시위가 전혀 없었던 것은 아니다. 4월 13일, 오늘날 경남대의 전신인 마산 해인대의 학생들이 시위를 벌이긴 했다. 그러나 규모가 작았고 주목도 받지 못했다. 전북대에서 시위를 시도하기도 했지만 제대로 되지 못했다. 2월 28일부터 시위를 한 고교생과 달리 대학생이 늦게야 시위에 대거 참여한 건 여러 가지로 분석할 필요가 있다. 개학일이 4월 1일이어서 시위가 늦게 일어났다고 얘기하기도 하지만, 주된 이유는 아닐 것이다.

당시 대학생은 많지 않았다. 통계를 보면 1960년에 대학생이 9만 7,819명이었던 것으로 나와 있다. 오늘날 큰 대학 두 군데 정도의 학생 숫자밖에 안 된다. 이것은 당시에는 대학에 가기가 어려웠다는 것을 말해준다. 대학을 상아탑이라고 부르는 걸 비꼬아서 당시 우골탑이라고 했다. 농촌에서 소를 팔아야 겨우 자식을 대학에 보낼 수 있다고 해서 나온 말이다. 그만큼 대학에 가기가 힘들었는데, 대학생 수가 그렇게 적었다는 건 이들이 선택받은 엘리트 의식을 가질 수 있었다는 얘기가 된다. 이 때문에도, 희생이 따를 수 있는 시위에 나서기를 꺼리지 않았나 싶다. 여대생 숫자는 한층 적었다. 1960년에 1만 7,049명으로 남자 대학생의 5분의 1 정도밖에 안

됐다. 이화여대 학생들이 이때 데모를 안 한 건 김활란 총장 등 학교 측에서 막았기 때문이기도 하겠지만(이기붕 부인 박마리아가 부총장이었다), 선택받은 사람들이라는 의식도 작용했을 것이다.

또 이 무렵 취직은 하늘의 별 따기였다. 실업자가 넘쳐흘렀다. 그런 상황에서 데모를 하면 직장을 얻기가 더욱더 어렵지 않겠느냐는 우려가 따를 수 있었다. 집에서 소 팔고 논 팔아 대학에 보낸 경우 부모님한테 보답해야 한다는 부담감이 클 수도 있었다.

대학생들이 시위에 나서지 않자 일부 중·고교 학생들은 "우리 선배는 썩었다", "언니들은 나빠요"라는 구호를 외치기도 했다. 이런저런 이유로 대학생이 초기에는 시위에 나서지 않았지만, 4·18 이후 그러니까 4월 18일과 19일 시위는 대학생이 주도했다고 볼 수 있다. 4월혁명 하면 우선 대학생을 떠올리는 사람이 많은 것도 그 때문일 것이다.

— 4월 18일 고려대생 시위, 어떻게 전개됐나.

18일 오전부터 고려대 학생들은 긴장된 표정으로 캠퍼스에 들어왔다. 낮 12시 50분경 인촌 김성수 동상 앞에 많은 학생이 집결했고 오후 1시경에는 3,000명 정도가 됐다. 얼마 후 운영위원장이 선언문을 읽었고, 학생들은 스크럼을 짜고 안암동 로터리로 향했다. 선언문은 온건했고 구호도 "기성세대는 자성하라", "마산 사건의 책임자를 즉시 처단하라", "우리는 행동성 없는 지식인을 배격한다"와 같은 것들이었다. 다시 말해 반정부적 색채가 강한 구호가 아니었다.

고려대생들은 안암동 로터리를 돌파하고 종로 5가를 지나 화

고려대생들이 국회 의사당 앞에서 선언문을 낭독하고 있다. 고려대 데모는 큰 틀에서 보면 4·19의 시작이었다고 말할 수 있다. 사진 출처: 4·19혁명기념도서관

신백화점까지 진출했다. 곳곳에서 경찰이 가로막고 구타했다. 종로 일대에서는 경찰과 학생들 사이에 난투극이 벌어지기도 했다. 오후 2시 10분경 고려대생들은 시청 옆에 있던 국회 의사당 앞에 집결해 정부에 4대 항목을 건의하기로 결의했다. 그중 "행정부는 이 이상 민족의 체면을 망치지 말고 무능 정치, 부패 정치, 야만 정치, 독재 정치, 몽둥이 정치, 살인 정치를 집어치워라"라는 두 번째 구호가 강렬해 주목을 받았다. 국회 의사당 앞 농성이 계속될 때 중앙청 안에는 600명가량의 괴한들이, 중앙청 건너편에 있던 경기도청 앞 광장에는 200여 명의 괴한들이 집결해 있었다. 오후 4시경 유진오 고려대 총장이 달려와 해산을 종용했다. 고려대 출신인 이철승 의원도 이제 돌아가라고 학생들을 설득했다. 오후 6시 40분경 고려대생들은 귀교길에 올랐다.

100여 명의 괴한들이 학교로 돌아가던 고대생들을 잔인하게 폭행했다. 유혈 사태가 벌어져 순식간에 10여 명의 학생이 피를 흘리며 쓰러졌다. 사진 출처: 4·19혁명기념도서관

—— 고려대생들은 이날 정치 깡패들에게 습격을 받지 않나. 그 깡패들은 어디 소속이었나.

4월 19일 그렇게 큰 시위가 벌어진 데에는 제2차 마산의거 및 4·18 고려대생 시위와 함께, 역사의 아이러니이지만 깡패들의 습격이 큰 역할을 했다. 18일 학교로 돌아가던 고려대생 시위대를 수만 명의 중·고등학생과 시민들이 뒤따랐다. 오후 7시 20분경 어둑해질 무렵 고려대생들이 을지로에서 종로 4가 쪽으로 빠지기 위해 천일백화점 앞에 이르렀을 때, 100여 명의 괴한들이 벽돌과 쇠갈고리, 몽둥이 등을 들고 뛰어나와 학생들을 난타했다. 유혈 사태가 벌어져 순식간에 10여 명의 학생이 피를 흘리며 쓰러졌다. 기자들도 다쳤다. 학생들이 소리치며 대항하려 하자 깡패들은 골목으로 달아났다.

이 깡패들의 소속이 어디이고 누가 지시한 것인가. 사건이 났을 때부터 그것에 관심이 쏠렸다. 반공청년단(단장 신도환)에 속하거나 그와 관련된 깡패임에 틀림없고, 그것도 반공청년단 종로구단(단장 임화수)의 특별단부와 화랑동지회(회장 유지광)에 속한 깡패였다. 문제는 누가 학생들을 습격하라고 지시했느냐, 이것인데 그것에 대해서는 나중에 법정에서 세 피고인(신도환, 임화수, 유지광) 사이에서 진술이 엇갈렸다. 화랑동지회나 반공청년단 종로구단 같은 깡패 조직은 경무대 경무관으로 당시 위세가 대단했던 곽영주의 보호를 받았다. 5·16쿠데타가 난 후 임화수는 이정재와 함께 처형됐는데, 희생양으로 처리된 면이 있었다.

천일백화점 앞 유혈 사태는 1950년대 자유당 정권에서 일익을 담당한 정치 깡패들이 마지막으로 큰 '작품'을 만들려고 했던 사건임과 동시에 그 사건이 직접적인 계기가 돼 정치 깡패들이 급전직하로 몰락해 체포되는 운명에 처하게 된다는 점에서도 역사의 한 페이지를 장식했다.

4·19 그날, 서울 거리를 가득 메운 20만 시위대
무차별 발포로 맞선 이승만 정권… '피의 화요일'

── 4·19 그날의 상황을 찬찬히 짚어봤으면 한다. 오전 분위기는 어떠했나.

4월 19일 조간을 펼쳐본 학생들과 시민들은 경악했다. 분노를 참을 수가 없었다. 깡패들의 데모대 습격 소식이 사진과 함께 사회면을 장식하고 있었기 때문이다. 제2차 마산의거가 일어났을 때 '이제 우리도 가만있을 수 없다'는 생각이 많은 대학생의 뇌리에 떠올랐겠지만, 4월 19일 조간을 보면서 '오늘 큰 사건이 일어나겠구나' 하는 걸 다들 감지하지 않을 수 없었다. 그렇지만 그렇게 큰 시위와 총격이 벌어질 것이라고는 어느 누구도 예상하지 못했을 것이다.

4·19가 있기 여러 날 전부터 서울대, 연세대, 성균관대, 동국대, 경희대, 중앙대 등 10여 개 대학의 학생들이 데모를 준비했는데, 그 중심에 서울대 문리대 정치학과가 있었다. 4월 15일, 정치학과 학생들은 거사일을 4월 21일로 잡고 격문, 선언문 등을 만들기로 했다. 그런데 18일 고려대에서 시위했다는 말을 듣고 거사일을 19일로 앞당겼다.

1960년 4월 19일 오전 8시 50분경 서울대 문리대 게시판뿐만 아니라 법대, 미대, 의대, 약대, 치대, 수의대, 교양과정부 등 각 단과대 게시판에 같은 내용의 격문이 일제히 붙었다. 서울대생들이 곧 데모에 나설 찰나, 오전 8시 30분에 출발한, 데모 잘하기로 유명한 대광고 학생 1,000여 명이 경찰 저지선에 막혀 종로 5가에서 동숭동 쪽으로 오게 됐다. 고교생들의 고함이 신호라도 된 듯 문리대생들은 마로니에광장에 모였다. 선언문, 격문, 구호 등이 적힌 유인물이 곧 배부됐다.

── 서울대 문리대 선언문은 오늘날에도 4월혁명과 관련해 심심찮게 인용된다. 그만큼 잘 쓴 글이라는 평가를 받고 있는데, 어떤 내용이 담겨 있었나.

서울대학교 학생들의 시위 행진
모습. 3,000여 명의 서울대
데모대는 경찰 저지선을 뚫고 국회
의사당 쪽으로 달려갔다.
사진 출처: 4·19혁명기념도서관

동국대학교 학생들이 상수도용
철관을 굴리며 경무대 앞으로
진격하고 있다. 시위의 성격이
이때부터 확 바뀌었다. 세종로를
지나면서 새로운 구호가 나왔다.
"이승만 물러가라", "독재 정권
물러가라", 바로 이것이었다.
사진 출처: 4·19혁명기념도서관

한 여학생이 "정부통령 선거 다시
하라"라는 팻말을 들고 달리고 있다.
사진 출처: 4·19혁명기념도서관

문리대 선언문은 "상아의 진리탑을 박차고 거리에 나선 우리는 질풍과 같은 역사의 조류에 자신을 참여시킴으로써 이성과 진리 그리고 자유의 대학 정신을 현실의 참담한 박토薄土에 뿌리려 하는 바이다"로 시작된다. 이날 문리대에 붙었던 격문에는 "우리는 공산당과의 투쟁에서 피를 흘려온 것처럼 우리는 또한 사이비 민주주의 독재를 배격한다"는 말도 들어 있는데, 선언문에는 앞에서 언급한 대로 "적색 전제"와 함께 "민주주의를 위장한 백색 전제에의 항의를 가장 높은 영광으로 우리는 자부한다"고 천명했다. 그리고 "나이 어린 학생 김주열의 참시慘屍를 보라! 그것은 가식 없는 전제주의 전횡의 발가벗은 나상裸像밖에 아무것도 아니다"라고 지적했다. 이승만 정권을 백색 전제 정권, 곧 파시스트 독재 정권이라고 명확히 규정한 것이다.

—— 선언문 발표 후 학생들은 어떻게 움직였나.

오전 9시 20분경 서울대 문리대생 200여 명이 "데모가 이적이냐, 폭정이 이적이냐" 등이 쓰여 있는 플래카드를 들고 거리에 나섰다. 뒤이어 법대, 미대, 약대, 수의대, 치대 학생들이 나섰다. 3,000여 명의 서울대 데모대는 경찰 저지선을 뚫고 국회 의사당 쪽으로 달려갔다. 거의 같은 시각에 문리대 옆에 있는 동성고 학생 1,000여 명이 시위에 나섰고, 서울대 사범대, 상대 학생들과 고려대, 건국대 학생들이 교문을 박차고 나왔다.

오전 10시 30분 서울대 문리대 등의 데모대가 국회 의사당 앞에 먼저 도착하고 뒤이어 서울대 사범대, 상대 학생들과 건국대생들이 도착했다. 국회 의사당에서 세종로에 이르는 길에 시민 1만여 명이 운집했고 교통이 마비됐다. 오전 11시 30분경 즉석에서 선출된 학생들이 대법원(오늘날 서울시립미술관 자리)으로 달려가 "3·15 선거가 합법이냐 불법이냐에 대한 대법원장의 답변을 요구한다"며 면담을 요청했다. 조용순 대법원장은 그 자리에 없었다.

— 학생들은 언제 중앙청 쪽으로 몰려가나.

오전 11시 40분경, 4·19 그날의 중요한 전기가 마련됐다. 오전 11시경 동국대생 2,000여 명과 성균관대생 3,000여 명이 교문을 나서 오전 11시 40분경 국회 의사당에 이르렀다. 그런데 서울대생들이 그곳을 점거하고 토론을 하고 있었다. 그때 "동국대는 경무대로 가자"는 고함과 함께 동국대생들이 중앙청, 경무대 쪽으로 향했다. 서울대 사범대생들과 동성고 학생들, 성균관대생들 등 학생 1만여 명이 그 뒤를 따랐다. 시위의 성격이 이때부터 확 바뀌었다. 굉장히 중요한 역사적 순간이었다. 이들이 세종로를 지나면서 새로운 구호가 나왔다. "이승만 물러가라", "독재 정권 물러가라", 바로 이것이었다. 시위대의 표적은 경무대였다.

— 경무대로 향한 시위대에 이승만 정권은 어떻게 대응했나.

정오에 연세대생들이 시위에 나섰다. 조금 지나서 중앙대생들이 교문 밖으로 나와 한강을 건넜고 경기대, 외국어대, 단국대, 국학대, 국민대, 서라벌예술대 학생들이 시위를 벌였다. 오전 11시 35분경 하얀 가운을 입은 서울대 의대와 약대 학생들이 중앙청 쪽을 향해 나섰다. 오후 1시경 시내 대부분의 중·고등학교는 서둘러 하

쫓기고 있는 진압 경찰. 시위대는 경찰의
바리케이드를 뚫기 위해 돌팔매질을 하고
몸싸움을 벌였다. 결국 1차 바리케이드 저지선이
뚫렸고, 경찰들은 최후의 바리케이드인 경무대
입구 효자동 전차 종점에 집결했다.
사진 출처: 4·19혁명기념도서관

한 경찰이 시민을 향해 조준을 하고 있다.
이기붕은 "총을 줄 때는 쏘라고 준 것이지
가지고 놀라고 준 것은 아니다"라고 말했다.
사진 출처: 4·19혁명기념도서관

교 조치를 취했지만 강문고, 경기고, 양정고, 휘문고, 경성전기공고, 흥국고, 중앙고 학생들은 교사의 만류를 뿌리치고 데모에 합류했다. 다른 일부 중·고등학교 학생들도 떼를 지어 시위에 합류했고 이때쯤 서울의 시위대 인원은 10만 명을 훨씬 넘어섰다.

곳곳에서 시위가 벌어지자 경찰 저지선이 여기저기서 뚫렸다. 내무부 장관 홍진기 등 각료들과 곽영주, 그리고 경찰 책임자 등은 숙의를 거듭한 끝에 경찰 주력을 효자동 방면으로 집결시켰다. 낮 12시 5분경 동국대 학생들이 효자동 옆에 있는 통의동파출소 앞에 이르자, 경찰은 일제히 최루탄을 쏘아대고 물세례를 퍼부었다. 시위대는 경찰의 바리케이드를 뚫기 위해 돌팔매질을 하고 몸싸움을 벌였다. 결국 1차 바리케이드 저지선이 뚫렸다. 낮 12시 15분경 학생들은 공사장에 있던 상수도용 철관을 굴리며 돌진했다. 시위대는 멈춰선 전차電車를 밀면서 해무청(해양수산부의 전신) 앞 제2 바리케이드도 뚫었다. 2만여 학생들이 경무대로 밀려들자, 경찰은 실탄을 계속 발사하면서 최후의 바리케이드인 경무대 입구 효자동 전차 종점에 집결했다. 학생과 경찰은 3번째 바리케이드 앞에서 30분 이상 대치했다. 오후 1시 30분경 산발적으로 경무대 입구 쪽에 육박한 시위대가 경무대 정문이 보이는 경복궁 뒷문에 이르렀을 때, 경찰이 무차별 사격을 했다. 경무대 어귀는 수라장이 되고 7~8구의 시체가 나뒹굴었다. '피의 화요일'이 본격적으로 시작된 것이다.

무장 경찰은 민간 집을 샅샅이 뒤져, 숨어 있던 학생들을 개 끌어내듯 끌고 나와 마구 구타했다. 이곳에 있던 시위대에는 동국대, 연세대, 서울대, 동성고 학생들이 많았다. 경무대를 향한 투쟁은 오후 5시경까지 계속됐다. 오후 2시 50분경 경무대 앞 희생자는 사망 21명, 부상 172명에 이르렀다. 해무청 옆에 있던 서울시경 무기고

시민들이 총탄을 피해 달아나고 있다.
'피의 화요일'이 본격적으로 시작된 것이다.
사진 출처: 4·19혁명기념도서관

(오늘날 정부종합청사 자리) 앞에서도 무장 경찰이 실탄을 퍼부었다. 8명이 그 자리에서 숨졌다.

서대문에 있던 이기붕의 집 앞에도 시위대가 몰려들었다. 병든 이기붕은 부인 박마리아와 함께 6군단 사령부로 피신했다. 이기붕 집 앞에서도 오후 4시 30분경 경찰이 총을 쏴 2명이 숨졌다. 이곳에서 시위하던 경성전기공고 학생 최기태는 정치 깡패들에게 동양극장 안으로 끌려가 매를 맞고 숨졌다. 시위대는 원효로 입구에 있던 자유당 정부통령 선거대책위원장 한희석의 집에도 몰려가 습격했다.

오후 3시경 경무대 쪽에서 세종로 쪽으로 돌아오던 시위대는 반공회관에 불을 질렀다. 시위대는 태평로파출소에도 몰려갔다. 당황한 경관이 총을 쏘며 달아나다가 시위대에 붙잡혀 죽었다. 서울신문사도 불길에 휩싸였다. 수만 명의 시위대는 태평로가 떠나갈 듯 환성을 질렀다. 그러나 경찰이 일제 사격을 개시해 여러 명이 쓰러졌고, 시위대는 조선호텔 쪽으로 이동했다. 을지로 입구 내무부 앞에서도 총성이 울렸다. 일부 시위대는 시경도 점거하려고 했다. 시위대의 주력은 세종로 일대에서 을지로 입구 사이에 집결해 있었다. 곳곳에서 총성이 울리는 가운데 20만 명 정도 되는 시위대가 도심 거리에 넘쳐흘렀다. 엄청난 인파였다.

**궁지에 몰린 이승만 정권,
발포 이전 시점으로 소급해 계엄 선포**

── 계엄은 언제 선포됐나.

걷잡을 수 없이 시위가 커지자 이승만 대통령은 오후 3시 서울 시 일원에 경비 계엄을 선포했다. 그런데 꾀 많은 홍진기 내무부 장관의 주장에 따라 오후 1시로 계엄을 소급한다고 하고 육군 참모총장 송요찬 중장을 계엄사령관으로 임명했다.

국무회의에서 의결해 계엄을 선포한 시각으로 해야지, 왜 계엄이 있지도 않았던 오후 1시로 소급했느냐. 이승만 정권 붕괴 후 경무대 앞 발포가 큰 문제가 됐다. 그러면서 법정에서 홍진기와 하급자 사이에 책임을 서로 전가하는 끝없는 공방이 계속됐다. 오후 1시로 소급한 것에는 경찰의 발포를 정당화하려는 의도가 있었을 것이라고 생각한다. 오후 3시 이전의 시위에 대해 책임을 물을 수 있다는 점도 작용했을 것이다.

—— 계엄 선포 후 시위 상황은 어떠했나.

오후 4시 30분 부산, 대구, 광주, 대전 등 다른 큰 도시에도 계엄이 선포됐다. 경비 계엄이었는데, 이승만 정권은 오후 5시에 서울을 비롯한 5개 도시의 경비 계엄을 비상 계엄으로 높였다. 오후 7시부터 다음 날 오전 5시까지로 통금 시간이 연장됐다.

계엄이 선포된 오후 3시 이후의 시위에 대해서는 앞에서 상당 부분 얘기했는데, 오후 5시경 경무대 앞에 경찰이 집결해 장갑차를 앞세우고 일제 사격을 퍼부으며 시위대를 압박했다. 이때 7명이 숨졌다. 오후 6시 40분경에는 동대문경찰서를 포위한 시위대와 경찰 사이에 격전이 벌어져 학생 1명과 순경 1명이 즉사했다. 오후 7시경 밀려나던 시위대는 동소문파출소를 부수고 돈암동 일대에서 기세를 올렸다. 통금을 알리는 사이렌 소리가 오후 7시경 울렸지만, 시위대는 밤 10시가 넘도록 신설동과 돈암동, 종로, 을지로 등지에서 파출소에 불을 지르고 부수며 총기를 탈취했다. 시위대와 경찰은 장시간 대치했다.

군대가 서울로 들어오면서 시위대는 의정부 쪽으로 향했다. 그때 시위대는 차량 30여 대에 나눠 탔는데, 총을 40자루 정도 갖고 있었다.

─── 총을 가진 시위대와 계엄군 사이에 충돌은 없었나.

의정부 쪽으로 향하던 시위대는 다시 고려대 쪽으로 향했다. 인원은 1,000명 정도였다. 밤 10시 중랑교 부근에 집결한 계엄군을 이끌고 서울에 들어온 15사단장 조재미 준장은 고려대 안에 있던 시위대원들을 만나 대표 4명에게 그들의 요구 사항을 고위 당국자에게 전달하겠다고 말했다. 조 준장은 시위대 대표들을 중앙청으로 데리고 갔다. 그렇지만 장관들은 사단장과 면담하는 것조차 거부했다. 이 사실을 조 준장이 계엄사령부에 알리자, 송요찬 중장은 방화·살인범을 제외하고 석방시키라고 지시했다. 20일 날이 밝자 계엄군은 고려대 강당에서 농성하고 있던 시위대 중 무기 소지자 30여 명은 연행하고 다른 사람들은 풀어줬다. 이때 10대 소년 200여 명은 철조망을 뚫고 뛰쳐나가 오전 6시 40분경부터 시위를 하다가 40분 만에 해산했다.

19일 시위로 서울에서 사망한 사람은 21일 현재(부상자 사망 포함) 104명이었다. 이 중 3명은 경찰이었고, 101명이 시위대였다.

─── 4·19 때 일부 시위대가 총기를 갖고 있었다는 사실을 낯설게

시위대와 계엄군. 계엄군은 명령이 있을 때 외에는 총기 발사를 금지했고, 시위대건 시민이건 함부로 대하지 않도록 했다. 사진 출처: 4·19혁명기념도서관

여길 독자들이 적지 않을 것 같다. 1980년 5·18 하면 공수 부대의 폭력에 맞선 시민군이 자연스럽게 떠오르지만 4월혁명 이미지는 그렇지 않기 때문이다. 어쨌건 4·19 때에도 총을 확보한 일부 시위대와 군대 사이에 무력 충돌이 발생할 가능성이 충분히 있었다는 생각이 든다. 시민을 향한 무차별 발포에 앞장선 건 군대가 아니라 경찰이긴 했지만, 수많은 사람이 총을 맞고 쓰러지는 상황에서 시위대는 격앙될 수밖에 없었을 것이기 때문이다. 이승만 정권을 보위하고자 출동했다는 점에서는 경찰이나 군대나 마찬가지 아니냐는 생각이 시위 참가자들 사이에서 퍼져나가는 그림도 그려볼 수 있는 상황이었다. 그런데 5·18 때와 달리 4월혁명에서는 총을 가진 시위대와 군대 사이에 총격전이 벌어지지 않았다. 그 이유가 무엇이었는지 궁금하다.

계엄군은 출동할 때부터 신중을 기했다. 명령이 있을 때 외에는 총기 발사를 금지했고, 시위대건 시민이건 함부로 대하지 않도록 했다. 계엄군 장교들 상당수는 시위대에 대해 동정적이었고, 3·15 부정 선거에 대해 비판적이었다는 글도 있다. 주한 미군 사령부에서 계엄군으로 하여금 온건한 방향으로 나아가게 했다는 주장도 있지만, 근거가 뚜렷하지는 않다. 다만 송요찬 계엄사령관은 원래 이승만과 이기붕에게 충성을 다짐했던 사람인데, 미군이나 미국의 태도에 영향을 받았을 수 있다. 또 상황이 계엄군으로 하여금 강경하게 나서지 못하게 하는 면이 있었다. 4월 25일과 26일의 시위에서 시민들은 대체로 계엄군에 호의적이었고, 계엄군을 적대시하지 않았다. 상황이 이러했기 때문에도 계엄군은 수동적이었고 소극적이었으며 온건한 태도를 보여줬다.

기관총 난사에도 굴하지 않은 민주 시민들
4·19 당일에만 서울·부산·광주에서 123명 사망

— 4월혁명 당시 계엄군의 그러한 태도는 20년 후 5·18 때 전두환 신군부가 투입한 공수 부대가 '화려한 휴가'라는 이름 아래 광주 시민들에게 자행한 무차별 폭력과 너무나 다른 모습이다. 이러한 대조적인 모습은, 한국전쟁 전후 민간인 학살 문제와 더불어, 군대가 자국민을 상대할 때 결코 넘어서는 안 되는 선이 있으며 그것을 지켜야 한다는 교훈을 특히 군인들에게 전하는 것 아닌가 하는 생각이 든다. 다시 돌아오면, 4·19 그날 서울 이외의 지역에서는 어떠했나.

부산과 광주에서 큰 시위가 있었고 사망자도 발생했다. 4월 19일 비가 내리는 가운데 부산에서 오전 10시 30분경 금성고 학생들이 시위를 벌였고, 오전 11시에는 부산공고 학생들이 시위행진을 했다. 오전 11시 25분경 부산상고 학생들이 나왔다. 오전 11시에 데모를 시작한 경남공고 학생들이 낮 12시 40분경부터 데레사여중·고 학생들과 함께 시위를 벌이면서 데모는 격렬해졌다.

오후 2시경부터 경찰이 총을 쏘면서 경남공고 학생 1명이 즉사했다. 그러자 군중이 소방차 등을 부수고, 경찰 방어선을 뚫고 파출소 등을 부쉈다. 오후 3시경 경찰이 정면에서 사격을 해 7~8명의 젊은이가 쓰러지자, 3,000명의 시위대는 부산진경찰서를 일시 점거하고 파괴했다. 양쪽은 1시간가량 대치했는데, 기관총과 수류탄까지 동원한 경찰에 맞서 시위대는 돌멩이로 대항했다. 총성은 더욱 심해졌고 부상자가 속출했다. 오후 4시경 동부산경찰서에서는 최루탄, 소총과 함께 기관총이 불을 뿜었다. 시내는 공포에 휩싸였다. 오후 5시경 계엄이 선포됐다는 방송이 나오고 오후 7시경 군인들이 탱크를 앞세우고 들어왔다. 서울신문은 부산에서 5~6만 명이 시위에 가담했다고 보도했다. 22일 현재 사망자(부상자 사망 포함)가 13명이나 됐고 부상자도 60명이 넘었다.

이제 광주로 가보자. 19일 오전 10시 40분경 광주고 학생들이 "3·15선거는 무효다" 등을 외치며 시내로 나가려 했다. 그런데 경찰이 이를 가로막고 구타해 유혈 사태가 벌어졌다. 오후 1시 20분경 광주여고와 광주공고 학생들이 나왔고, 오후 1시 50분경에는 광주상고 학생들이 경찰 스리쿼터와 경찰차를 부쉈다. 조선대부속고, 광주일고, 사레지오고, 수피아여고, 전남대사대부속고, 숭일고 등 광주의 주요 고등학교 학생들이 학교별로 또는 개별적으로 시위대를 형성해 나중에는 5,000명 정도가 됐다. 오후 5시경 이승만 사진이 걸려 있던 자유당 전남도당 사무실이 박살났고, 서울신문사 지국에도 돌이 날아왔다.

계엄 선포 후에도 시위는 계속됐다. 그러자 오후 5시 20분경부터 경찰이 총을 쐈다. 학생들은 바리케이드를 무너뜨리고 소방차를 뺏었다. 치열한 투석전이 벌어졌다. 오후 6시 30분경 경찰차에서 '계엄이 선포됐다'는 거리 방송을 했지만, 시위대는 돌을 던지며 일진일퇴를 거듭했다. 그 과정에서 파출소도 부서졌다. 오후 8시 20분경 시위대는 어느새 1만 명 정도로 불어났다. 규모가 커진 시위대는 밤 9시경 광주경찰서로 향했다. 그러자 경찰 돌격대가 총격을 가하며 시위대에 육박했다. YMCA 앞에서 특무대 앞까지 쓰러진 학생들이 100여 명에 달했다. 사복 경찰들은 집집을 뒤지며 학생들을 붙잡아 구타하고, 시신이나 부상자를 구둣발로 걷어찼다. 수색 과정에서 약 300명이 붙잡혔는데, 이 사람들은 개머리판으로 맞아 피를 흘리며 연행됐다. 그런 속에서도 시위는 밤 10시 반까지 계속됐고 총성도 끊이지 않았다. 이날 시위로 6명이 사망하고 70여 명이 다쳤다.

— 대구를 비롯한 다른 곳에서는 어땠나. 서울, 부산, 광주 이외의 지역에서도 사망자가 발생했나.

대구에서는 오후 3시에 경북대생 시위가 크게 일어났다. 대구의 민주당원들은 경북대생 시위에 합류하려다가 실패했다. 오후 7시 30분경에는 청구대 야간부 학생들이 시위를 했다. 대구에서는 밤 11시 20분경까지 시위가 계속됐다.

교문을 박차고 나오려는 광주고 학생들을 교사들이 제지하고 있다. 광주고 학생들은 "3·15선거는 무효다" 등을 외치며 시내로 나가려 했다. 사진 출처: 4·19혁명기념도서관

인천에서는 인천공고 학생들이 시위를 했다. 청주에서는 청주농고 학생들이 시위를 벌였는데, 경찰은 시위대에 최루탄으로 응수했다. 청주대생들도 이날 데모를 했다.

대구, 인천, 청주 등지에서는 경찰이 발포하지 않았다. 그래서 이날 사망자가 발생하지는 않았다. 그렇지만 전국적으로 4월 19일 하루에만 무려 123명(서울 104명, 부산 13명, 광주 6명)이 목숨을 잃었다. 말 그대로 '피의 화요일'이었다.

─ 이날 발포 지시는 어느 선에서, 누가 내린 것인가. 경무대도 발포 지시와 관련이 있었나.

4월 19일 오전 10시경부터 홍진기 내무부 장관 등 각료들이 경

무대에 모였다. 이들은 경무대 경무관 곽영주, 그리고 치안국장 조인구를 비롯한 경찰 고위 간부들과 시위 대책을 논의했다.

이승만 정권이 무너진 후, 발포 명령자를 규명하는 문제가 많은 시민의 관심을 모았다. 그래서 4·19 경무대 앞 발포 사건의 경우 홍진기, 곽영주, 조인구, 그리고 4월혁명 당시 서울시경국장이었던 유충렬과 서울시경 경비과장이었던 백남규 등이 재판에 회부돼 심문을 받았다. 그렇지만 이 사람들은 책임을 서로 미루기만 했다. 그런 가운데 1960년 10월 8일 서울지법 장준택 판사가 유충렬과 백남규에게는 검사의 구형대로 각각 사형과 무기 징역을 선고하지만 홍진기, 조인구, 곽영주에게는 발포 명령 부분에 대해 무죄를 선고하는 일이 일어났다. 이 때문에 여론이 부글부글 끓어올랐다. 그러면서 혁명 입법이 이뤄지고 특별 재판부와 특별 검찰부가 만들어지기는 하지만, 특별 검찰부에서도 이들에 대한 수사가 제대로 이뤄지지 못했다. 홍진기, 조인구, 곽영주 등이 발포와 관련해 공동 모의를 했는지가 핵심 쟁점이었는데, 4·19 당시 경무대 상황을 잘 알고 있었을 김정열 국방부 장관이 입을 다문 것도 조사를 어렵게 만든 요인 중 하나였다.

결국 민주당 정부에서는 끝내 발포 명령과 관련된 전모를 명백하게 규명하지 못했다. 5·16쿠데타 후 이 사건과 관련해 곽영주 한 사람만 처형되는데, 현재로서는 경무대 앞 발포 명령 사건의 전모를 명확히 규정하기가 어려운 게 사실이다.

— 1980년 5·18 당시 시민을 향해 최초로 발포를 명령한 자가 누구인지를 아직까지도 명확히 밝히지 못한 것을 떠올리게 하는 풍경이다. 다시 돌아오면, 이승만 정권은 4·19에 어떻게 대응

했나. 기관총까지 쏘며 무력 진압을 시도한 것 이외에 그럴듯한 대책을 세운 게 있었나.

어쩔 줄 몰라 했다. 문교부가 서울의 각급 학교와 지방의 중·고등학교 및 대학교에 임시 휴교를 지시한 것 말고는 별다른 대책이 없었다.

이날 미국은 바쁘게 움직였다. 주한 미국 대사는 어떠한 폭력도 통탄스럽게 생각한다는 성명서를 발표했고, 크리스찬 허터 미국 국무장관은 미국 시간으로 4월 19일 12시 넘어 드와이트 아이젠하워 대통령과 통화한 뒤 양유찬 주미 대사를 불러 각서를 전달했다. 이때 처음으로 미국 정부는 시위가 "대중의 분노가 반영"된 것이라고 표현했다. 양 대사는 4·19 시위가 공산주의자들의 선동에 기인한 것이라고 주장했다.

시위 상황을 전하느라 외신들도 바빴다. 미국 신문들은 한국 관련 뉴스를 대서특필했고 영국, 프랑스, 오스트리아, 포르투갈, 벨기에 신문들도 관심을 보였다. 그다음 날에도 외국 정부와 외신은 한국 상황에 큰 관심을 보였다.

● 5·16쿠데타 이후인 1961년 9월 30일, 혁명 재판 제1심판부는 경무대 앞 발포 사건과 관련해 홍진기와 곽영주에게 사형, 유충렬에게 무기 징역, 백남규에게 징역 10년을 선고했다. 홍진기가 곽영주, 조인구 등과 발포를 공동 모의했다는 판단을 바탕으로 한 판결이었다. 조인구의 경우 1960년 10·8 판결로 석방된 직후 5년간 몸을 숨겼기 때문에 이날 선고 대상에는 포함되지 않았다. 그런데 얼마 지나지 않아 원심 판결이 뒤집혔다. 1961년 12월 19일, 혁명 재판 상소심 제1심판부는 곽영주에 대한 사형 판결은 유지했지만 '홍진기가 곽영주 등과 발포를 공동 모의했다고 볼 수 없다'며 원심을 파기하고 홍진기에게 무기 징역을 선고했다. 또한 유충렬에게는 징역 20년, 백남규에게는 징역 3년 6개월로 원심보다 낮은 형을 선고했다.

"4·19는 난동",
반성과 사죄는 이승만의 사전에 없었다

—— 계엄이 선포된 4월 19일 이후에도 시위는 계속됐나.

20일 광주에서 상당히 큰 시위가 발생했다. 전남대와 광주농고 학생들이 시위를 했는데, 시위대가 곧 5,000명으로 불어났다. 군인과 학생 사이에도 충돌이 발생했다. 전주에서는 전북대 학생들이 시위를 벌였고, 전주공고 학생들도 시위를 했다. 이리(오늘날 익산)에서도 남성중·고등학교 학생들이 시위를 벌였고 전북대 이리 캠퍼스 학생들과 중앙대 이리 분교 학생들도 데모를 했다. 수원에서는 서울대 농대 학생들이, 인천에서는 인천사범학교 학생들이 시위를 했고 경기도 평택 서정리에 있는 효명중·고등학교 학생들도 오산 비행장 앞에 모여 시위를 벌였다.

—— 20일에는 이승만 정권이 어떤 반응을 보였나.

20일 오후 5시가 돼서야 이 대통령이 담화를 발표했다. 4·19에 관한 첫 번째 담화였다. 늦게 나오기는 했지만, 10년 전 한국전쟁이 났을 때 전쟁 발발 사흘째인 1950년 6월 27일 늦은 밤에야 녹음된 방송을 내보낸 것보다는 빨랐다. 이 담화는 "어제 일어난 난동으로 본인과 정부 각료들은 심대한 충격을 받았다"로 시작된다. 이렇게 4·19를 난동으로 규정했지만, 제2차 마산의거 때 나온 두 담화와는 확연히 다르다. 공산당이라는 단어가 한 번도 나오지 않는다. 4·19는 워낙 큰 시위여서 그렇게 할 엄두가 나지 않았을 것이다. 담화문도 훨씬 짧고 내용도 아주 단순하다. 소요 사건 조사에 최대의 노력을 기울이겠다고 밝혔지만, 강하게 주장하지 않았다. 짧은 담화에 "부상자들 가운데 두 사람의 미국인이 끼어 있음을 심히 유감으로 여기는 바이다"라는 문구가 들어가 있는데, 역시 이 대통령다운 언설이었다. 미국인을 얼마나 존중하는지가 잘 드러나 있다. 4·19와 같은 거대한 시위와 백 수십 명의 희생자는 모두 3·15 부정 선거에서 직접적으로 비롯된 것인데도 "불평의 주요 원인이 있으면 다 시정될 것"이라는 말 빼고는 부정 선거에 대해 어떠한 언급도 하지 않았다. "불평의 주요 원인이 있으면 다 시정될 것"이라는 성명도 시위자들의 정당한 불만을 들어주라는 허터 미국 국무장관의 요구가 없었다면 나오지 않았을 것이다. 주한 외교관들은 이 대통령의 이번 성명에 자극적인 말이 들어 있지 않은 것만도 다행이라고 말하면서도, 기대했던 것보다 훨씬 미흡하다는 데 모두 견해를 같이했다고 조선일보(1960년 4월 22일 자)는 보도했다.

자유당도 이날에야 성명을 내고 "본당은 선량하고 순진한 학도를 선동하여 폭력 사건을 자행하게 한 장본인 및 그 도당의 악랄한 비국민적 만행에" 통탄을 금할 수 없다고 밝히고, 발포는 부득이했다고 강변했다. 자유당다운 성명이었는데, "비국민적"이라는 말이 신경을 거슬리게 한다. 일제 말 참 많이 들어야 했던, 정말 소름 끼치는 단어 아닌가.

— 이기붕은 어떻게 반응했나.

이기붕의 담화는 달랐다. 21일에야 경무대로 이 대통령을 방문하고 오후에 발표한 담화에서 이기붕은 "조국과 민족을 열애하는

순진한 학도 중에 많은 사상자를 내었음은 침통함과 아울러 그 유
가족에게 삼가 조의를 표한다"고 말했다. 이기붕은 현 사태를 수습
하기 위해 과감히 시정광구是正匡救(잘못된 것을 바로잡음)에 진력하겠
다고 다짐하기도 했다.

이날 국무위원 전원이 사표를 제출했다. 한편 장면 부통령은
이날 아침, 수습책은 정부통령 선거를 다시 하는 것뿐이며 "그 밖의
타협이란 있을 수 없다"고 강조했다.

4월혁명은 제2의 해방

— 4월혁명은 이승만 정권에 대한 총체적인 평가다. 정치뿐만 아
  니라 경제 문제도 4월혁명의 밑바탕에 놓여 있었던 것으로 보
  인다. 실제로 어떠했나.

4월혁명 50주년을 맞아 《4월혁명 사료 총집》이 나왔는데, 편
집위원장으로서 그것을 만드는 데 관여했다. 거기에 중요한 사료가
있다. 연세대 4월혁명 연구반에서 1960년에 만든 목격자 수습 조
사서다. 4·19를 목격한 사람들을 찾아가서 여러 가지를 물어본 건
데, 4·19와 제일 가까운 시기에 만들어진 것이다. 40문항 정도 있
는데 그중 하나가 "이번 4·19 사태를 가져온 동기는 뭣이라고 생각
하나", 이것이다. 그것에 대한 응답을 보면 '독재 정치(독단적인 일당
의)', '자유당 정부의 실정', '일당 독재', '정치적 부패', '경제적 불
평등', 이런 것들이 들어가 있다. 부정 선거는 이보다 꼭 많은 게 아
니더라. 부정 선거나 마산의거에 자극받아 4·19를 일으켰다고 보는

것보다 오히려 이게 더 많다.

　그렇다면 이것은 무엇을 의미하는가. 3·15 부정 선거와 4월혁명은 이승만 정권 전체의 상을 보여주는 것이자 그것에 대한 전반적인 단죄를 보여주는 것이라고 하지 않았나. 바로 이런 상태에서 두 차례에 걸친 마산의거, 그리고 4·19, 4·26이 일어난 것이다.

　진영숙이라는 한성여중 2학년 학생이 있었다. 몇 살이었을지 짐작되지 않나? 이 학생이 4월 19일 가난한 홀어머니한테 써놓고 나간 쪽지가 있다. 이승만 정권에 대한 전반적인 평가가 담긴 마음이 거기에 실려 있다고 나는 해석한다. "저는 생명을 바쳐 싸우려고 합니다. 어머님, 저를 사랑하시는 마음으로 무척 비통하게 생각하시겠지만 온 겨레의 앞날과 민족의 해방을 위하여 기뻐해주세요. 이미 저의 마음은 거리로 나가 있습니다." 이렇게 돼 있다. "저는 생명을 바쳐 싸우려고 합니다", "민족의 해방", 무서운 말이다. 그래서 내가 4월혁명을 제2의 해방이라고 부르지 않나. 무수한 사람들이 이런 마음으로 2·28부터 나선 거다. 4월 19일, 이 학생은 유탄에 맞아 죽었다.

　며칠 후인 4월 23일 모 신문사에다가 수송국민학교 4학년 강명희 학생이 시를 하나 놓고 갔다. 수송국민학교는 4·19 한복판에 있던 학교여서 학생들이 시위에 참여했다. "나는 알아요 우리는 알아요/ 엄마 아빠 아무 말 안 해도/ 오빠와 언니들이/ 왜 피를 흘렸는지". 이런 심정, 이런 정의감으로 이렇게 어린 학생들까지 이런 글을 쓰고 그랬다.

부정 선거범보다
부정 축재자가 더 욕먹었다

── 4월혁명에서 도시 하층민이 중요한 역할을 했다. 희생자 중에
서 가장 큰 비중을 차지하는 것도 이들이다. 그럼에도 학생에
비해 충분한 조명을 받지 못하는 것 같다.

4월 19일에 불우한 아동, 청년 학생들이 많이 가담했다는 걸
생각해야 한다. 4월 25일과 26일도 비슷했는데, 4월혁명 때 이 사람
들이 중등 학생들과 함께 제일 많이 죽었다. 대학생보다 훨씬 많이
죽었다.˙ 이건 1980년 광주에서도 마찬가지다.

1958년부터 우리나라가 또 불황에 들어갔다. 미국 원조가 그
때부터 많이 줄어든 것이 주된 요인이었다. 그로 인해 상황이 나쁘
기도 했지만, 1950년대가 전반적으로 아주 어려운 상황이었다. 그
래서 불우한 소년 소녀가 매우 많았다. 그 가운데 구두닦이, 껌팔
이, 신문팔이 소년들이 무척 많았다. 당구장에 가면 맨 실업자투성
이였다. 한 집 건너 다방, 한 집 건너 당구장이 있었고 다방 앞에는
반드시 구두닦이들이 있었다. 내가 1960년대에 서울에 와서 학교
다닐 때도 그랬다.

하여튼 4월 19일 낮 12시 전후, 서울대 문리대생들이 태평로
국회 의사당 앞을 점거하고 있었다. 그때까지 시위대는 대개 그곳

● 한국역사연구회 현대사 연구반에서 펴낸 《한국 현대사 3》에는 4월혁명 당시 희생자 직
업을 분석한 내용이 담겨 있다. 이에 따르면 하층 노동자가 61명으로 가장 많았고 고교
생(36명), 무직자(33명), 대학생(22명), 초·중등 학생(19명), 회사원(10명), 미상(5명)이
그 뒤를 이었다.

으로만 가곤 했다. 그런데 이들이 자리를 비켜주지 않자 동국대생, 서울대 사대생, 일부 고등학생들이 '우리는 저쪽으로 가자'고 하면서 광화문 쪽*으로 틀기 시작했다. 이게 4·19에서 결정적인 전환이다. 4월 18일, 19일의 국회 의사당 앞이 시위와 항의의 자리였다면 시위대가 중앙청으로 방향을 튼 것은 싸우러, 투쟁하러 가는 것이었다. 이승만 정권과 정면 대결을 하지 않을 수 없는 상황으로 역사가 바뀐 것이다.**

시위대가 광화문 쪽으로 밀려들어갈 무렵부터 중앙청 쪽 담을 돌아 바리케이드를 돌파하기 위해 시위대가 경찰들과 심한 몸싸움을 할 때 이 사람들(불우한 아동, 청년 학생들)이 막 쏟아져 나온 거다. 시위대에 섞여 있던 이들 청소년 300~400명은 무장 경관이 총을 쏘고 최루탄을 사방에 쏘아댈 때 돌팔매질을 하고 차량을 파괴했다. 중앙청 유리창도 닥치는 대로 부쉈다. 시위대가 중앙청을 점거하자 공무원들이 사라졌다. 아마도 4월 19일에 불우 청소년들이 돌팔매질을 제일 많이 했을 거다. 그러면서 많이 죽었다. 이 사람들이 돌팔매질 같은 걸 막 하면서 분위기를 띄웠다. 그러면서 데모대가 효자동에 있는 제2저지선을 뚫고 제3저지선으로 갈 때, 오후 1시 30분 무렵 경찰이 콩 볶듯이 총을 쏘기 시작한다. 이게 '피의 화요일'로 변하는 순간이다.

---

* 지금의 청와대 즉 경무대 쪽.
** 1948년 제헌 국회가 첫 회의를 연 곳은 중앙청이었다. 한국전쟁 후 국회는 태평로에 있던 옛 부민관 건물을 의사당으로 사용했다. 1975년 국회 의사당은 여의도로 옮겨간다. 태평로 국회 의사당 건물은 오늘날 서울시의회 의사당으로 쓰이고 있다. 한편 조선총독부 건물이던 중앙청은 해방 후 미군정청, 중앙청을 거쳐 국립중앙박물관으로 사용되다가 1995년 철거되고, 그 자리에 경복궁이 복원됐다.

—— 도시 하층민이 적극 나선 것은 높은 실업률, 부정 축재 등으로 인한 경제적 불평등 문제와 떼어놓고 생각할 수 없다는 생각이 든다. 이 문제, 어떻게 보나.

불우한 소년 소녀들뿐만 아니라 실업자 청년들도 데모가 벌어진 다고 하자 다방과 당구장에서 번개같이 뛰어나와 시위에 가담했다. 이 사람들이 4·19에 적극 참여한 건 이승만 정권에 대한 불만이 제일 큰 사람들이기 때문이었다. 그뿐만 아니라 일반 서민들도 특권층, 부정 축재자들에 대한 불만이 굉장히 크다는 게 나중에 드러난다.

민석홍 서울대 교수가 이승만 정권 붕괴 직후 4월혁명이 혁명인 이유 중 두 번째로 든 것이 특권층 문제였다. '4월혁명은 특권적인 재벌이나 기업가층 몰락의 바탕을 마련했다.' 무서운 말이다. 지금 들어보면 불온한 교수라고 할지도 모르겠지만, 우리한테 서양사를 가르쳤던 온건한 분으로 그때는 젊었었다. 민석홍 선생이 1960년 6월 《사상계》에 그렇게 썼다.

장면 정부 국무원 사무처에서 1960년 말 제1회 국민 여론조사를 실시했다. '3·15 부정 선거범을 엄벌에 처해야 한다'는 건 33.1퍼센트 나왔는데 '부정 축재자를 엄벌에 처해야 한다'는 건 37.3퍼센트가 나왔다. 4.2퍼센트포인트가 더 나온 것이다. 총을 쏘고 부정 선거를 저지른 사람들보다도 특권층인 부정 축재자에 대한 불만이 그만큼 컸던 거다. 말하자면 돈을 많이 번 자들이 정상적으로 돈을 번 게 아니라는 광범위하고 강력한 국민 의식, 서민층의 불만이 쌓여 있었고 이게 4·19 때 보이지 않는 강력한 힘으로 발동된 것이다. 그러면서 부정 축재자 처벌을 들고나와서 허정 과도 정권이나 장면 정부를 무척 애먹이게 된다.

4월혁명 정신과 이승만 이념은 같다?
속보이는 궤변

4월혁명, 일곱 번째 마당

김 덕 련 4월혁명에 대해 뉴라이트 계열에서는 '이승만의 정치 이념인 자유민주주의를 부정했다기보다는 비판적으로 실현한 것으로 봐야 한다'는 주장도 한다. 이승만 정부를 부정하고 해체했다기보다는 비판적 발전을 모색하는 '건국사'로 이해해야 한다는 주장이다. 이런 주장, 어떻게 보나.

서 중 석 이승만의 정치 이념이 자유민주주의다? 전혀 그렇지 않다. 자유민주주의와는 너무나 거리가 먼 사람이고 자유민주주의를 파괴하는 정치 활동을 많이 했다는 걸 그간 자세히 설명했다. 이승만 하면 바로 독재가 생각나지 않나. 그야말로 독재, 파시즘적 억압 통치를 한 사람이지 무슨 자유민주주의를 구현하려 했다는 건가. 도무지 맞지 않는 주장이라고 볼 수밖에 없다. 서울대 문리대에서 나온 4·19 선언문에서도 "백색 전제"라고 이승만 정권의 성격을 분명하게 규정하지 않았나. 그런 데서도 자유민주주의와는 대립되는 정치 활동을 한 사람이라는 걸 명확하게 알 수 있다.

그런데도 이승만 추종자들이 '이승만은 자유민주주의자'라고 강조하면서 4월혁명과 이승만의 소위 자유민주주의라는 걸 화해시키려 한다고 할까, 연결하려 한다고 할까 하는 것을 볼 수 있다. 대표적인 것이 2011년 제51회 4·19 기념일에 일어난 사건이다. 뜻밖의 사건이었다. 이전엔 그런 일이 전혀 없었는데, 제50회를 맞아서도 없던 일이 갑자기 51주년에 일어났다.

이때 이승만 양자 이인수하고 '건국 대통령 이승만 박사 기념 사업회'(기념 사업회)에서 4·19 유족에게 사과하겠다고 나서 평지풍파를 일으켰다. 왜 이런 행위가 있었느냐. 한편으로 어쭙잖게 이승만의 소위 자유민주주의라는 것하고 4월혁명을 비슷한 것으로 몰

남산에 있던 이승만 동상이 시민들에 의해 철거되고 있는 장면. 이 동상은 당시 아시아에서 제일
규모가 컸다고 한다.

아가려는 의도도 작용하고 있었다. 그러나 직접적으로는 동상, 그
것도 다른 데가 아니라 이순신 동상, 세종대왕 동상이 있는 광화문
에 이승만 동상을 세움으로써 '건국 대통령 이승만 박사'를 떠받들
게 하겠다는 문제와 연결돼 그런 사태가 일어난 걸로 보도되고 그
랬다.

광화문에 이승만 동상을 세운다는 게 너무나도 어이없는 일이
라 그때도 해프닝으로 끝났다. 그 이전에도 얘기가 없던 것이지만
그 이후에도 별로 얘기가 되지는 못했다. 그렇다고는 하더라도 이
동상에 대해 언급은 하고 넘어갈 필요가 있다.

── 어떤 점을 짚을 필요가 있나.

이승만 정권 당시 이승만 동상은 두 개가 있었다. 하나는 탑골 공원, 하나는 남산에 세웠는데, 남산에 있던 것은 아시아에서 제일 큰 동상이라고 얘기하지 않았나. 그런데 이게 이승만 대통령이 하야를 발표한 1960년 4월 26일 그때 어떻게 됐느냐. 그날 아침 9시 45분경 시민들이 탑골공원에 있는 이승만 동상의 목에다 철사 줄을 걸어서 이 동상을 쓰러뜨렸다. '이승만 독재, 폭정, 부정 선거의 상징이 와르르 무너지는 순간이었다', 이런 식으로 표현되는 걸 볼 수가 있다. 탑골공원에 있던 군중은 철사 줄에 매인 동상을 질질 끌고 종로 2가에서 세종로 쪽으로 갔다고 보도됐다. 시위대는 서대문 이기붕 집 앞까지 동상을 질질 끌고 행진했다. 남산에 있던 동상은 너무 커가지고, 부수는 데 아주 힘들었다고 한다. 당시 신문에 그렇게 나온다. 이승만 추종자들이 많이 있을 것 같은데도, 이 동상은 또 오랫동안 방치됐다.

그러다 4월혁명 51주년을 맞아 광화문 동상 건립 문제를 기념 사업회에서 주장하고, 이인수하고 기념 사업회가 4월 묘역 참배까지 하겠다고 나왔다. 4·19민주혁명회, 4·19혁명유공자회, 4·19혁명 희생자유족회 이 3개 단체가 4·19를 대표하는 단체인데, 이들 4월혁명 관계 단체에서 "마음에도 없는 사과를 내세워 4·19 묘역을 방문하고 참배하는 행위는 단연코 거부한다"고 밝혔다. 그러면서 "영구 집권을 꾀하다가 학생과 국민의 힘으로 추방된 대통령의 동상을 광화문에 세우겠다는 그들의 간악한 흑심을 엿보게 하는 추태를 즉시 중단하라"고 요구했다.

기념 사업회에서 자기들이 동상을 세우고 이승만 박사를 '건국 대통령'으로 기리는 데 제일 방해 세력이 될지도 모르는 4월혁명 세 단체의 반발을 무마하기 위해 묘역을 참배하겠다고 한 것으

탑골공원에 있던 이승만 동상도 철거됐다.
군중은 철사 줄에 매인 동상을 질질 끌고
종로 2가에서 세종로 쪽으로 갔다고 한다.
사진 출처: 4·19혁명기념도서관

로 보이는데, 4월혁명 단체들이 그것에 단호히 철퇴를 가한 것이다. 이들 단체에서 "그들이 사과해야 할 대상은 유족뿐만 아니라 국민 전체다", 이렇게 명확하게 잘라 얘기한 것도 참 잘한 일이다. 4월혁명 단체답다. 그때 이에 관한 신문 기사를 보면서 '건국절' 논란이 생각나더라. 독립 운동 단체에서 2008년 '건국절'을 막지 않았나. 진보 세력, 진보 언론에서는 역할을 별로 하지 못했다. 이 제51회 4·19 기념일과 관련해 조선일보가 크게 보도했는데, 조선일보 보도와 관련해 두 가지 중요한 사항을 얘기해야 한다.

4월혁명은 이승만 정권에 대한 부정이 아니다?
속보이는 궤변

— 무엇인가.

하나는 사설에서 '건국의 이승만'과 '4·19의 이승만'이 하나가 돼야 한다고 주장했다. 그리고 이인수를 인터뷰해 "이 대통령과 4·19혁명은 대립되는 것이 아니라 자유민주주의를 사랑하는 정신에 있어서 같은 것"이라는 주장을 내보내면서 이승만 대통령의 '건국 이념'과 4월혁명 이념은 같다는 식의 이야기를 하더라. 어떻게 이런 주장을 할 수 있는 건가 해서 열심히 읽어봤는데도, 구체적으로 이 대통령의 건국 이념이 뭐다, 이런 건 나오지를 않더라.

이 대통령이 정부 수립 초기에는 정말 자유민주주의를 실현하려고 했나? 이 점도 사실 이해하기 어려운 것들이 많다. 이승만 정권 초기인 1948년, 1949년을 보면 이미 극단적인 반공 통치로 가고 있었다. 자유민주주의와는 거리가 너무나 멀었다. 언론 자유도 어렵게 돼가고 있었다. 이런 것들이 구체적으로 많이 드러나 있다.

그리고 친일파 청산 문제, 이것도 이승만 대통령 집권 초기에 일어난 일 아닌가. 친일파 청산도 못 하게 만들어 국가 기강, 민족 정기도 흐트러지게 하고 사회 가치관도 혼란에 빠트리고 하지 않았나. 그러면서 강권 정치, 친일 경찰을 내세운 통치로 민주주의를 위태롭게 하는 것을 볼 수 있다. 정부가 수립된 1948년 제주 4·3사건, 여순사건에서 엄청난 인명 피해가 있었는데, 이것(주민 집단 학살 문제)도 이 대통령에게 책임을 묻지 않을 수가 없다. 정말 이승만 대통령이 정부 수립 초기에 폭넓은 정치를 하려고 했느냐, 민주주의를 실현하려 했느냐 하면 그렇지 않다. 조선일보에서 그런 문제를 가지고 구체적으로 논의를 하는 것이 좋지 않았겠느냐 하는 생각이 들더라.

—— 이야기할 다른 하나는 무엇인가.

이 신문에 실린 인터뷰에서 이인수가 이런 얘기를 한다. "그전에는 이 대통령에 대해 부정적으로만 생각해온 세월이었지만." 난 이 말이 아주 중요하다고 본다. 왜냐하면 1960년 4월 26일 이전엔 이 대통령을 '국부', '민족의 태양'으로 숭배하고 떠받들었지만, 4월 26일 이 대통령이 물러난 이후에 보면 이승만 정권과 이 대통령에 대해 그렇게 부정적일 수가 없는 수많은 사실이 공개되고 이승만을 아주 부정적으로 인식하는 것을 볼 수 있다. 5·16쿠데타 정권이 반동 정권이란 얘기를 듣지만, 그런 5·16쿠데타 정권조차 이 대통령과 이승만 정권을 아주 부정적으로 봤다. 그건 1980년대에도 변함이 없었던 것 같다. 그래서 이인수가 얘기한 것처럼 이승만 대통령에 대해선 사실 1987년 6월항쟁 이전에는 독재 정권 하에서조차 대개 부정적으로만 봐왔다.

그랬는데 해방 50주년이던 1995년에 모모 신문들이 적극적으로 이승만 살리기라고도 불리는 움직임을 보이면서, 그러니까 이승만을 아주 긍정적으로 평가해야 하고 나아가 '건국 대통령'으로 떠받들어야 한다는 식의 논리를 펴면서 역사 전쟁이랄까 역사 논쟁이 시작되는 것이다.

— 일각에서는 "4·19의 개혁 의지와 5·16의 혁명 동기가 일치한다"고 주장한다. 4·19세대로 불리는 이들 중 상당수가 5·16쿠데타 직후 적잖은 기대감을 드러냈다는 주장이다. 박정희 정권 시기가 4월혁명에 대한 부정이라기보다는 "4·19 이념에 물적 토대를 놓는 과정"이라는 주장과 맞닿는 흐름이다. 이런 주장, 어떻게 평가하나.

2월 28일 대구 학생 시위에서 4월 26일 시위까지 이어지는 4월혁명은 그 이후 30여 년 계속된 학생 운동의 시작이기도 하지만, 학생 운동의 대표적인 사례이기도 하다. 그렇게 중요한 4월혁명이지만 그 이후의 학생 운동과는 차이 나는 점도 많다. 그 이후의 학생 운동이 의식적이고 조직적으로 일어나는 측면이 상당히 있다고 본다면, 4·19는 갑자기, 돌연히 일어난 것처럼 보이는 측면이 있다.

4월혁명에 대해 초기에 나온 논문들 중 주목할 만한 것이 김성태 교수가 1960년에 발표한 '4·19 학생 봉기의 동인'이다. 김 교수는 4·19 시위의 주체를 비조직적 집합체로 파악했다. 4월 19일 학생들이 일제히 봉기해 데모에 나서 이룩한 집합체는 충계적 조직 없이, 다만 공통된 대상에 대한 공통된 분노로 일시적으로 단합된 집합체였다는 것이다.

4·19 주동자 또는 4·19 때 이름이 많이 알려진 사람들 중에는 여러 경우가 있다고 봐야 한다. 민주주의 의식이나 이승만 정권에 대한 비판 의식이 미약한 상태에서 충동적으로 혁명적 시위 분위기를 따라간 사람도 있었다. 그 당시 고대신문, 대학신문 같은 것을 보면 박정희와 유사한 파시즘적 사고를 가진 사람들도 있었다. 또 4·19 시위에 떠밀려 주동자가 된 학도호국단 간부도 있었다. 할 수 없이 주동자가 됐고, 그때는 하지 않으려 했겠지만 나중엔 '내가 열심히 했다', 이렇게 나서게 된다. 최초의 규모가 큰 대학생 시위의 경우 실제로는 시위에 적극 참여하지 않았는데도 나중에 시위를 대표하는 사람처럼 이름이 오르내리는 경우도 있다. 이런 여러 상황을 잘 살펴보면서 4·19세대의 변절을 얘기할 필요가 있다.

그런데 1960년대 박정희 정권에 참여한 4·19세대는 한두 명 또는 몇 명에 불과하다. 눈에 띄게 드러나는 사람이 그렇게 많지 않았다. 문제는 유신 체제나 전두환 신군부 체제에 4·19를 대표한다고 하는 사람들이 다수 참여했다는 것이다. 그야말로 4월혁명을 밑바탕부터 부정한 행위다. 대단히 잘못된 행위라고, 4월혁명 정신을 제대로 이어받은 사람들이 모인 단체 중 하나인 사월혁명회 같은 데에서 혹독히 비판하는 것을 볼 수 있다.

3·15 부정 선거에도
이승만을 확고히 지지한 미국

── 미국 문제를 짚었으면 한다. 한국 현대사의 주요 장면에서 미국이 어떤 모습을 보였는가는 많은 사람의 관심사다. 그만큼 이야기가 엇갈리는 일이 많은 문제이기도 하다. 4월혁명 과정에서 미국은 어떤 역할을 했나.

'이승만 하야에 미국이 깊숙이 관련돼 있다. 이승만이 대통령에서 물러난 건 미국 때문이다', 이런 주장이 지금까지 참 많았다. 그만큼 미국의 역할을 중시하는 주장들이 많았던 것이다. 그런데 이 부분에 관해 부정확하게 알고 있는 게 너무 많다.

먼저 3·15 부정 선거가 저질러지기 전에 이승만 정권이 엄청난 부정 선거를 기획해 실천에 들어가고 있다는 건 어지간한 사람이면 다 알 수가 있었다. 그럼에도 미국이 부정 선거를 저지하려는 움직임을 보인다든가 하는 건 없었다. 예컨대 1960년 3월 3일 민주당이 부정 선거의 내막을 구체적으로 폭로했을 때 미국이 이승만 정권에 '그렇게까지 해서야 되겠는가. 좀 적당히 해라'라든가 하는 말을 해줌직한데, 1959년 12월부터 1960년 3월 15일까지 선거와 관련해 미국이 발언하는 게 거의 보이지 않는다. 어떻게 보면 미국이 이렇게까지 무신경할 수 있는가, 너무 지나치지 않은가 하는 생각이 들 정도다.

3월 15일 부정 선거가 저질러지고 마산에서 큰 시위가 일어나 8명이나 죽는 사태가 벌어졌다. 그때 이례적으로 드와이트 아이젠하워 미국 대통령이 빨리 성명을 내는 건 볼 수가 있다. AFP 보도에 따르면 "한국 선거 기간 중 발생한 모든 폭력 행위를 개탄하고 그와 같은 폭력 행위는 한국의 민주주의 발전에 지장을 초래할 것이다", 이렇게 얘기했다.

— 애매모호한 말이다. 어느 쪽의 폭력을 비판한 것인가.

문제는 이게 3·15 부정 선거를 비판한 것이라고 볼 수가 있느냐는 것이다. 마산의거를 폭력 행위로 개탄하고 있는 것 아니냐는 의문을 품을 수도 있다. "모든 폭력 행위"라고 했는데 이건 경찰이나 깡패 즉 이승만·이기붕 후보 쪽의 폭력을 얘기한다고 볼 수도 있지만, 대표적인 큰 사건은 3·15 시위이기 때문에 오히려 그것을 더 개탄하는 것처럼 볼 수도 있다. 그러면서 "그와 같은 폭력 행위는 한국의 민주주의 발전에 지장을 초래할 것이다", 이런 식으로 참 이해하기 어려운 발언을 한 것 아니냐. 그렇게 보이는 성명을 냈다. 양쪽을 다 비판한 것 같긴 한데, 그게 잘한 일이라고는 볼 수 없지 않나.

크리스찬 허터 미국 국무장관도 즉각 반응을 보였다. 뭐라고 했냐 하면 "이번 선거 소요는 가장 불행한 사건", 이렇게 밝혔다. 여기서 말하는 선거 소요가 뭘까? 이것 역시 마산 3·15 시위를 가리키는 것 아니겠나. 설마 그렇게까지 얘기했을까 하는 생각도 들지만, 명확하게 '3·15 부정 선거가 지나쳐서 마산의거가 일어난 것 아니냐'는 뜻으로 얘기했어야 할 일인데 그것과는 너무나도 거리가 있는 반응을 허터 미국 국무장관이 보이는 걸 볼 수가 있다.

— 야당 등에서 기대한 것과는 사뭇 다른 반응이다. 이 시기에 미

국은 왜 그런 태도를 취한 것인가.

사실 1958년 12월 24일 국가보안법 개정안과 지방자치법 개정안, 이 두 개의 개정안을 자유당에서 우격다짐으로 통과시켜 6개월 동안 국회가 공전하는 24파동이 일어날 때도 야당이나 언론에서는 미국이 한마디 할 줄 알았다. 워낙 민주주의를 심하게 파괴한 일 아니었나. 그런데 주한 미국 대사는 그런 태도를 보이지 않았다. 물론 뭔가 이래서 되겠느냐는 반응은 보였지만, 야당이나 일반 국민이 생각한 것처럼 이승만 정부를 눈에 띄게 비판하는 식의 적극적인 반응을 보이지 않았다. 대체로, 3·15 부정 선거가 저질러졌을 때까지만 하더라도 미국은 이승만 대통령을 확고히 지지하고 있었다고 볼 수 있다.

그건 미국 대통령의 방한 문제에서도 알 수 있다. 3·15 부정 선거가 저질러지고 마산의거가 있은 직후, 그러니까 이승만과 이기붕의 당선이 발표된 후였는데 드와이트 아이젠하워 대통령의 방문이 '현재 한국 정세의 영향을 받지 않는다', 이렇게 미국 정부에서 표명했다. 미국 대통령의 방한은 우리 정부 수립 이후 처음 있는 일이었다. 방한은 그 이전에 합의를 본 것이긴 하지만, 미국의 이런 태도는 이승만과 이기붕이 당선된 것까지 다 인정해주면서 이승만 정권을 지지한 것으로 이해할 수밖에 없는 것 아닌가.

미국, 4·19를 계기로 태도를 바꾸다

—— 미국은 그 후 태도를 바꾼다. 그 계기는 무엇인가.

1960년 6월 19일 한국을 방문한 아이젠하워 미국
대통령을 환영하는 행사가 김포공항에서 열리고 있다.
3·15 부정 선거가 저질러졌을 때까지만 하더라도
미국은 이승만 대통령을 확고히 지지하고 있었다.
사진 출처: e영상역사관

문제는 4월 19일 엄청난 시위가 일어나고 이날만 123명이 사망하는 사태가 벌어진 것이다. 그렇게까지 큰 항의 시위가 일어날 것이라고는 미국도 생각을 못했던 것 같다. 그러면서 '이젠 가만히 있으면 안 되겠다', 그런 생각을 한 것 같다. 사태가 아주 심각한 국면에 접어들었다는 판단을 한 것이다.

그래서 4월 19일 밤, 월터 매카나기 주한 미국 대사가 경무대를 찾아가 이 대통령을 만나는 걸 볼 수가 있다. 홍진기 내무부 장관, 김정열 국방부 장관이 배석했다. 그때 이 대통령은 미국 대사에게 '장면과 민주당이 이 봉기의 선동자'라면서 격렬히 비난하고 '이들 체제 전복 세력에게 이용당한 것이다'라는 식으로 4·19 시위에 대해 얘기한다. '이들'은 장면과 민주당을 말하는 것이었다. 매카나기 대사가 '선거 부정에 대해 그렇게 나온 것 아니겠느냐'라고 얘기하니까 이 대통령이 '난 선거 부정에 대해 전혀 모른다. 그리고 내가 믿는 장관들이 설마 나한테 거짓말을 하거나 숨겼겠는가', 이렇게 얘기하는 것을 볼 수 있다.

— 국민들이 죽어나가는 엄청난 일이 연이어 벌어졌는데도 '난 모른다'로 일관하는 최고 권력자의 모습, 참 인상적이다. 그러한 이승만 정권에 대해 미국은 어떤 태도를 취했나.

이날 미국 대사관 성명서를 보면, 폭력을 자제하고 법질서를 회복하라는 것을 강조하고 있다. 여기서 폭력이란 건 우선 시위를 주로 가리키는 것이고 그다음에 시위대에게 총을 쏜다든가 심하게 진압한다든가 하는 것, 이 두 가지를 다 가리키는 것으로 보인다. '법질서 회복'에는 그런 시위 같은 걸 하지 않았으면 좋겠다는 의미가 깔려 있다고 볼 수 있다.

여기까지는 4·19 이전과 기조基調랄까 입장이 같은데, 이승만 정권에 대한 압력이 될 수 있는 말이 이 성명서의 그다음 부분에 들어가 있다는 점이 중요하다. 뭐냐 하면, '시위 군중의 정당화될 수 있는 울분들을 해소하는 데 노력을 해달라'고 했다. 시위 군중의 정당화될 수 있는 울분은 부정 선거를 가리키는 것일 터이고, 여기에 대해 정부가 국민들에게 어떻게 하겠다는 대책을 얘기해줘야 한다, 이런 식으로 해석될 수 있는 것이다. 처음으로, 강한 압력은 아니지만 압력을 미국이 행사했다고 볼 수 있다.

이보다 훨씬 중요했던 건 워싱턴의 반응이다. 워싱턴 시각으로 4월 19일 오후 4시 30분 허터 미국 국무장관은 양유찬 주미 대사를 불러서 한국의 시위 사태가 "대중의 분노가 반영"된 것이라고 지적하고 ▲부정 선거에 책임이 있는 공직자와 당 간부 해임 ▲선거법 개정 ▲경향신문 복간 ▲1958년 12월 24일 개정된 지방자치법과 국가보안법의 논란 조항 폐지 등을 권고했다. 그와 함께 대중의 신뢰를 회복할 수 있도록 조치를 취하고 민주적 절차로 복귀하겠다는 성명서를 즉각 발표하라고 요구했다. 강요에 가까운 요구였다. 4월 20일 오후 5시 이 대통령이 4·19에 관한 담화를 발표했다고 지난번에 이야기하지 않았나. 바로 이러한 미국의 요구에 대한 응답으로 발표한 담화였다.

4월 19일 밤부터 4월 26일까지 미국 대사관에서는 밤늦도록 창가에 불빛이 보이는, 다시 말해 열심히 '작업'을 하는 것을 볼 수 있었다. 미국 대사관 직원들이 각지를 뛰어다니면서 정보를 수집하고 다니는 모습도 나타난다. 그런데 그 후에도 여러 가지 사태가 일어나지 않나. 그러면 미국이 4월 25일까지 이런 변화하는 상황에 더 적극적으로 나서는 게 있느냐? '부정 선거 문제를 해결할 수 있도록 정부가 더 적극적으로 조치를 취해야 한다', 이런 정도 얘기는 하고 있다. 그러나 그 이상 뚜렷한 얘기를 하지는 않았다.

여러 주장에서 '미국이 이승만 하야에 결정적 역할을 했다'고 얘기하는 근거는 '4월 25일 밤에서 26일 아침 사이에 미국이 이승만 하야에 중요한 역할을 했다'는 것이다. 그런데 25일 밤에 미국이 그런 중요한 역할을 했다는 건, 아직까지는 해제된 문서에 나오지 않고 있다.

이승만, 4·19 전에 이미 물러설 결심?
하야 발표 후에도 사임 안 하려 버텼다

4월혁명, 여덟 번째 마당

김 덕 련 일각에서는 이승만 대통령이 4·19 전에 이미 물러설 결심을 했다고 주장한다. 1960년 4월 12일 국무회의에서 그런 뜻을 밝혔다는 주장이다. 이런 식으로 볼 근거가 있는 건가.

서 중 석 이승만 대통령이 일찍부터 사임할 의사를 내보였다? 이건 '박정희 대통령이 유신 체제를 철폐할 의사를 가지고 있었다'고 강변하는 것처럼, 당시 상황을 완전히 잘못 보고 있는 억지 주장이다. 또 이 대통령이나 박 대통령의 언동을 곡해하는 걸로 해석될 수밖에 없는 주장이다. 이 대통령이 3·15 부정 선거에서 하야를 발표하는 4월 26일까지 어떤 태도를 보이는가를 살피면 분명하게 알 수 있다.

마산의거 이후 국무회의 등에서 이 대통령은 역정을 자주 냈다고 하지 않았나. 신경질적 발언을 하면서 국무위원 즉 장관들에게 책임을 전가하고, 그러면서 자신은 좀 빠지는 이런 태도 같은 걸 확대 해석하려는 사람들이 있다.

4월 19일 그 '피의 화요일'에도 이 대통령이 자기 잘못을 인정하거나 적어도 거취와 관련해 어떤 의미 있는 발언을 하는 건 전혀 나오지 않는다. 매카나기 주한 미국 대사를 만났을 때도 그런 모습을 아주 분명하게 보이지 않나. 사실 자유당 간부들이나 국무위원들도 이승만과 똑같았다. 3·15 제1차 마산의거가 있었고 제2차 마산의거가 4월 11일부터 13일까지 3일 동안이나 더 큰 규모로 전개됐는데도, 3·15 부정 선거와 관련해 국민들에게 조금이라도 미안해하기는커녕 당근을 준다고 할 만한 정도의 것도 제시하지 않았다. 그런 생각조차 전혀 갖고 있지 않았다. 그냥 밀고 나가면 된다는 식이었다.

이기붕을 희생시키는 선에서
이승만은 넘어가려 했다

—— 문제의 4월 12일 국무회의가 열린 직후인 13일과 15일, 이 대통령은 마산의거를 '난동', '폭동'으로 규정하고 '공산당이 조종한 혐의가 있다'고 강변하는 특별 담화를 발표한다. 물러날 결심을 한 사람의 모습으로 보이지는 않는다. 실제로 어떠했나.

그러다가 4·19를 맞았는데 그때도 '어떻게 하겠다', 이런 태도가 안 보인다. 4월 19일부터 21일까지 신문을 면밀히 검토해봐라. 이 대통령은 미국의 압력 때문에 할 수 없이 4월 20일 오후 5시 담화를 발표했으나, 지난번에 얘기한 것처럼 "불평의 주요 원인이 있으면 다 시정될 것"이라고 애매하게 말했을 뿐이다. 주한 미국 대사관과 미국 정부가 '4·19 시위는 정당화될 수 있고' "대중의 분노가 반영"된 것이라고 밝혔는데, 그것의 핵심 내용인 3·15 부정 선거에 대해 이 대통령은 이 담화에서 구체적인 언급을 전혀 하지 않았다. 놀라운 것은 이 대통령의 22일 담화 내용이다. 이틀 후에 다시 나온 이 담화엔 별 내용이 없었다. 별다른 내용이 없는 것을 왜 내놓았을까 하고 의아하게 생각할 만한 담화였다. 22일 담화의 요점은, 4월 19일 서로 죽이고 죽인 행위는 악독하고 참학한 광경이라는 언설과 법을 잘 지켜야 한다는 것이다. 무슨 말이냐 하면, 이 담화에는 20일 자 담화에 들어 있는 "불평의 주요 원인이 있으면 다 시정될 것"과 관련된 구절이 한 군데도 안 나온다는 것이다.

나는 이렇게 생각한다. 엄청난 4·19 시위와 미국의 압력 때문에 불평의 원인이 '있으면' 시정하겠다고는 언급했는데, 그것이 노인에게 꺼림칙하게 남았을 가능성이 있다. 잘못을 인정한 것 아니냐는 생각이 든 것이다. 그래서 별다른 내용이 없는 담화를 22일 다시 냈고, 그 담화에서는 20일 담화의 그 부분을 빼버린 것이다. 내가 말한 바처럼 이분은 자신의 과오를 인정하지 않는 분이었다. 4월 19일 주한 미국 대사에게 한 말을 생각해봐라. 장면과 민주당이 봉기를 선동했고 이들 체제 전복 세력에게 이용당한 것이라는 식으로 4·19 시위에 대해 이야기하지 않았나. 그게 그분이 강조하고 싶은 내용이었다. 무서운 사람이지만 그런 분이었다.

그러나 그 후 '사태가 심각한 국면에 이르렀는데 어떻게 해결할 것인가. 해결책을 내놓아야 하는 것 아니냐'는 움직임이 권력 핵심과 여권 사이에서 조금씩 엿보인다. 그러면서 여권 인사와 일부 국무위원은 '이기붕이 부통령 당선자에서 사퇴하는 것이 어떻겠느냐', 이런 얘기를 한 걸로 알려져 있다. 이기붕은 즉각 환영의 뜻을 표했다. 이승만과 자유당은 그다음 날(23일) 두 가지 조치를 취했다. 23일, 이승만 대통령의 뜻도 포함돼 있겠지만, 이기붕은 내각 책임제로 전환하는 것을 고려한다며 "당선을 사퇴할 것도 고려한다"고 발표했다. 이 "고려한다" 때문에 또 홍역을 치른다. 이기붕은 당선 사퇴를 얘기했는데, 밑에 있는 자들이 아쉬웠던지 "고려한다"는 표현을 써서 논란이 일었다. 이날 이승만 대통령이 자유당 총재직에서 떠나겠다고 한 것으로 보도됐다. 어쨌건 이 대통령은 이기붕을 희생시키는 선에서 넘어가려고 한 것으로 보인다.

이날 또 하나의 중요한 일이 일어난다. 장면이 이승만 독재와 3·15 부정 선거를 강력히 규탄하면서 "오늘로서 부통령직을 사임한다"고 발표했다. 장면은 자신이 물러나야 이 대통령이 물러날 것이라고 판단했다. 이 대통령의 퇴로를 열어주기 위해 부통령직을 사임한 것이다. 이때 장면이 사임하지 않고 이승만이 정말 4월 26일 하야할 수밖에 없었다고 본다면, 장면은 자동적으로 대통령이 되는 것이었다. 헌법에 그렇게 명시돼 있었다. 그러나 장면이 부통령으로 있는 한 이승만이 사임하려고 했겠나. 이 점도 생각해볼 수 있다. 장면 부통령 사임은 이승만의 퇴로를 열어준 의미가 있다고 해석할 수 있다.

—— 그럼에도 이승만 대통령은 계속 버티지 않나. 이 대통령은 어떤 식으로 버텼나.

기다리던 이 대통령의 수습 방안은 4월 24일에 발표됐다. 담화문도 길었다. 그러나 수습 방안이라고 할 만한 것이 전혀 아니었다. 그 내용을 보면, 하나는 자유당을 떠나겠다는 것이고 다른 하나는 장관을 새로 임명하겠다는 것이었다. '정당에 초연하겠다', 이 대통령은 전에도 이런 주장을 여러 차례 했는데 그 수준에서 더 나아간 게 없다. 예컨대 부정 선거를 취소하고 재선거를 실시하겠다는 얘기도 하지 않았고, 개헌 얘기도 전혀 하지 않았다. 그냥 장관을 새로 임명한다는 게 이런 국면을 풀어나가는 데 역할을 할 수 있었겠나? 그렇게 볼 수 없지 않나.

오히려 이날 수습 방안을 발표한다고 하면서 "(정당을 떠나) 행정부의 수반으로서 전적으로 나라에 봉사하는 것이 좋을 것"이라고 피력하고, "이 참변을 통해 몸을 바쳐 나의 여생을 보다 큰 성공으로 국가와 민족을 위하여 일하고자 하는 결심을 더욱 굳게 했다"고 다짐했다. '대통령직을 굳게 지키겠다. 4·19 같은 시위와 희생이 발생했다고 하더라도 나는 절대로 사임하지 않고 대통령직을 수행하겠다'고 얘기한 것이다. 그러면서 이기붕과 자유당, 국무위원들에게 책임을 떠넘긴 것이다.

언론에서 이 담화에 대해 행정부 수반으로서 국정을 처리해나갈 모든 실권을 장악하겠다는 뜻을 명백히 한 것으로 해석한 것은 당연하다고 하겠다. 권력에 대한 이 대통령의 지독한 집념을 이 담화에서도 감지할 수 있다.

이기붕은 이날 부통령직뿐만 아니라 모든 공직에서 물러나겠다고 밝혔다. 이기붕은 자유당 의원 총회에 보낸 공한에서 4·19 때 즉각 그만두려고 했으나 자유당 간부들이 만류했다고 밝혔다. 이 공한 말미에 "세상에는 책임이 물러서는 것만으로 벗어지는 사람도 있고 그렇지 못한 사람도 있다. 불행히도 본인은 그렇지 못한 사람임을 슬퍼한다"고 쓰여 있는데, 권력의 무상함과 비애를 느끼게 한다. 자살밖에는 다른 방도가 없다는 것을 이 글을 쓸 때도 느꼈을까.

"이승만 물러가라" 구호,
교수단 시위를 계기로 전면에 등장

— 위기에 빠진 최고 권력자가 잘못을 인정하고 책임지는 대신 주변 사람들 탓으로 돌리는 건 이때만 있는 일이 아니다. 어쨌건 이승만의 바람과 달리 시위가 계속 벌어지는 등 이승만이 더 이상 책임을 회피하기 어려운 쪽으로 상황이 전개되지 않나.

4·19 당시 국민학교 학생들이 "부모 형제들에게 총부리를 대지 말라"라고 쓰인 플래카드를 들고 시위하는 모습. 사진 출처: 4·19혁명기념도서관

4월 21일에는 별다른 시위가 없었으나 22일 인천에서 여러 중·고등학교 학생들이 시위를 벌였다. 오전 9시 30분경부터 "정부통령 선거 다시 하자"는 플래카드를 선두로 "이기붕 물러가라" 등의 구호를 외치며 시위를 하자 약 300명의 국민학교 어린이들이 합세했다. 오후에 시위 규모는 더 커졌고, 오후 6시경까지 계속됐다. 군산에서는 10개 중·고등학교 학생들이 시위를 벌였다. 23일에 시위는 더욱 커졌다. 인천에서는 인천여중 학생들이 시위를 시작해 정오경에는 여학생들이 선두에 서고 그 뒤를 중·고등학교 학생들이 따랐는데, 시위대는 3,000명쯤 됐다. 이날도 국민학생들이 가담했다. 오후 7시경에는 중·고등학교 학생 200여 명이 횃불을 들고 데모를 벌였는데, 시위는 밤 9시 40분경까지 계속됐다. 군산에서도

전날에 이어 시위가 계속됐는데, 인천처럼 군산여상과 중앙여중 학생 등 여학생들이 주동했다.

1987년 6월항쟁에서처럼 해외에서도 시위가 잇따랐다. 뉴욕에서 유학생 100여 명이 희생자를 추모하고 협잡 선거를 규탄하며 시위를 했다. 로스앤젤레스에서도 유학생과 교포 약 50명이 이승만 정부 퇴진을 요구하며 데모를 벌였다. 샌프란시스코에서도 유학생들이 시위를 했다. 미국에서뿐만 아니라 일본에서도 시위가 전개됐다. 도쿄에서는 재일 동포들이 3·15선거 무효 및 재선거 등을 주장하며 약 2시간 동안 시위를 했는데, "물러가라, 망국오리는國汚吏 유태하"라고 쓴 플래카드가 특히 주목받았다. 유태하는 주일 대사로 이승만한테 아부를 잘하기로 소문이 나 있었다.

24일 마산에서는 대단히 이색적인 시위가 전개됐다. 흰 두루마기를 입고 지팡이를 든 애국노인회 회원 70~80명이 데모를 하다가 플래카드를 뺏기고 무학국민학교 부근에 왔을 때 시민들이 몰려들었고, 낮 12시 40분경 남성동파출소 앞을 행진할 때에는 3만여 군중이 합류한 것으로 보도됐다. 인천에서는 이날도 학생들이 추도식에 이어 시위를 했다. 전주에서는 전북대, 전주공고, 영생고 학생 등 100여 명이 궐기 선언문을 읽고 데모에 돌입했다. 일부 시위대는 서울신문 전주지사, 자유당 전북도당 당사, 대한부인회관, YMCA 회관 등을 습격해 간판 등을 떼고 기물을 부수기도 했다.

— 그러한 과정을 거쳐 맞이한 25일은 4월혁명에서 하나의 분수령으로 꼽힌다. 어떤 점에서 그러한가.

25일에는 춘천에서 처음으로 춘천고 학생 등이 시위를 했다.

4월 25일 교수단 시위가 일어났다. 교수들은
"3·15선거를 규탄한다", "이 대통령은 즉시 물러가라"
등의 구호를 외쳤다. 4월혁명에 한 획을 그은 이
시위를 계기로 이승만 대통령은 막판에 몰렸다.
사진 출처: 4·19혁명기념도서관

오후 7시 45분에는 성수중·고등학교 학생 150여 명이 횃불 시위를 2시간이나 벌였다. 마산에서는 전날에 이어 노인들이 다시 시위를 했다. 이번에는 할머니 200~300명이 대오를 갖춰 "죽은 학생 책임지고 대통령 물러가라", "총 맞아 죽은 학생 원한이나 풀어주소" 등의 플래카드를 들고 손뼉을 쳐가면서 시위를 벌였다. 이날도 3만 명 정도 되는 시민들이 호응했다. 김해와 남원에서도 중·고등학교 학생들이 데모를 했다.

이날 서울에서는 4월혁명에 한 획을 그은 큰 규모의 시위가 전개됐다. 이 시위로 이 대통령은 막판에 몰렸다. 이날 서울대 교수회관에 교수 300여 명이 모여 시국 선언문을 채택했는데, 회의장 안에서 웅성거릴 때 동국대 김영달 교수가 긴급 동의로 "폐회하는 대로 데모를 합시다"라고 외쳤다. 이때가 통금 시간이 1시간 반도 안 남은 오후 5시 35분경이었다.

교수들은 "각 대학 교수단"이라고 크게 쓴 글씨 밑에 "학생의 피에 보답하라"고 쓴 플래카드를 앞세우고 시위에 나섰다. 그러자 어느새 수백, 수천 명의 학생들이 뒤를 따랐고 시민들은 손뼉을 쳤다. 만세 소리도 들렸다. 교수들은 "3·15선거를 규탄한다", "이 대통령은 즉시 물러가라" 등의 구호를 외쳤다. '이승만 물러가라'가 드디어 주된 구호로 등장한 것이다. 종로 4가를 지날 무렵 학생과 시민들은 7,000~8,000명을 헤아렸고, 화신백화점에 왔을 때는 1만 명쯤 됐다. 계엄군이나 경찰은 별다른 제지를 하지 않았다. 교수들은 미국 대사관 앞을 지나 오후 6시 50분경 국회 의사당 앞에 와서 만세 삼창을 하고 해산했다. 이때가 통금 시간인 오후 7시였다.

더 큰 데모는 대학 교수단이 해산하고 난 후 일어났다. 중앙청 쪽에서 군대가 탱크를 앞세우고 국회 의사당 앞으로 와 강제 해산

태세를 갖췄다. 그러나 군중은 "국군은 우리 편이다"라고 외치며 오히려 군인의 총검 앞으로 다가섰다. 어둠이 짙어지면서 군중은 "이승만 정부 물러가라"고 외쳐댔다. 군인들은 최루탄을 쏘긴 했지만 그 이상 나오지는 않았다. 한 학생이 앞가슴을 내밀고 "쏘라!"고 외쳤고, 군중은 손뼉을 치며 구호를 외쳤다.

밤 8시경 시위 군중은 더 많아졌다. 17~18세 청소년들이 많았다. 15사단장 조재미 준장까지 왔지만 군중은 오히려 환호와 박수를 보냈다. 군인들은 시위대가 중앙청 쪽으로 가지 못하게만 했다. 일부 시위대는 서대문 이기붕 집으로 향했는데, 경찰이 발포를 했다. 밤 9시경까지도 광화문 거리에는 수만의 군중이 운집해 흩어질 줄 몰랐다. 몇 대의 트럭에 나눠 탄 소년 시위대가 세종로로 질주해 와서 "국군은 우리 편이다"라고 소리를 지르며 탱크 위에 올라갔다. 일부가 "경무대로 가자!"고 하면서 중앙청 쪽으로 향하자, 광화문 바리케이드에서 콩 볶듯 최루탄이 발사됐다. 밤 10시경 군중이 10만 명을 넘은 것 같다는 기록이 있다. 계엄 선포 후 서울에서 처음 있었던 시위인데 4·19에 버금가는 시위가 통금 시간에, 그것도 "이승만 물러가라"고 외치며 벌어지고 있었다.

이날 시위대는 임화수의 집과 임화수가 경영하는 종로 5가 평화극장으로 몰려가 가재도구를 파괴했다. 이정재의 집도 파괴됐다. 밤 10시 이후 동대문 근처는 시위대가 장악하고 있었다. 밤 11시가 지난 시각에도 군용 트럭과 지프차를 빼앗아 탄 시위대는 군인들의 방어선을 뚫고 광화문 쪽으로 달렸고, 이어서 경무대로 달음박질했다. 해무청 앞에서 계엄군이 발포하자 시위대는 밤 11시 40분경 흩어졌다. 25일 자정을 넘어 26일 오전 1시 30분경까지 수천 명이 종로 5가와 신설동 일대에서 시위를 했고, 학생들은 광화문 네거리에서 연좌를 했다. 무척이나 긴 밤이었다.

— 이승만 대통령이 이른바 수습 방안의 하나로 제시한 신임 장
관 임명도 25일에 이뤄지지 않나.

이 대통령은 이날 오후 7시경 허정을 외무부 장관에, 이호를
내무부 장관에, 권승렬을 법무부 장관에 임명했다. 이건 두 가지 의
미가 있다고 볼 수 있다.

하나는 허정이나 권승렬이나 다 평이 괜찮은 사람이었는데 이
승만이 '누가 괜찮은 사람이다', 이걸 몰랐던 게 아니라는 것이다.
그러니까 이승만 정권에 '아첨 장관', '지당 장관', '낙루落淚 장관' 등
문제가 많은 장관이 그렇게 많았던 건 '그 사람들만이 내가 권력을
행사하는 데 앞장설 것'이라는 이 대통령의 신뢰가 있었기 때문이
다. 그와 달리 평이 괜찮은 사람들을 썼다는 건 우리 사회와 국가가
어떻게 나아가야 하는가와 관련해 좋은 인재가 있다는 걸 이 대통
령도 알고는 있었다는 걸 이야기해주는 것이다.

허정은 이승만 측근 중의 측근이긴 하지만 1954년 5·20총선
무렵부터 한때는 물을 먹었다. 나중에 서울시장이라든가 한일회담
수석 대표로 기용은 되는데 그때도 따돌림을 많이 당했다. 그러나
이승만 측근 중에서 능력 있고 청렴한 사람이었다. 이 사람이 외무
부 장관에 임명돼 수석 국무위원이 됐다. 이승만은 아슬아슬하게
허정을 외무부 장관에 임명한 셈이다. 허정을 임명할 때 이승만은
바로 다음 날 자신이 하야를 발표하게 될 줄은 전혀 몰랐지만, 부통
령이 없는 상태이기 때문에 만일 이승만이 물러나면 헌법에 따라
허정이 과도 정부를 이끌게 돼 있었다. 허정은 이날 취임사에서 "우

리 청소년 학생들이 드높이 보여준 애국적 결심과 그중에 잃어버린 수많은 젊은 생명의 울부짖음을 듣고" 할 수 없이 외무부 장관을 맡았다고 언명했다.

이승만이 24일경부터 허정에게 외무부 장관을 맡아달라고 거의 사정하다시피, 운다고 할까 간원懇願이라고 해야 할까, 아무튼 그렇게까지 하지만 허정은 계속 거절한 걸로 허정 회고록에 나온다. 그러다 25일에 가서야 내각 책임제 개헌 등을 조건으로 내세워 장관을 하겠다고 했다. 이렇게 허정, 권승렬, 이호를 장관에 임명할 때까지만 해도 이승만은 눈곱만큼도 물러날 생각은 없었다. 이승만이 물러나게 되는 과정을 설명하는 허정의 기록을 봐도 이 점은 명백하게 알 수 있다.

"국민이 원한다면"?
쫓겨나는 마당에 해괴한 단서 붙인 이승만

─── 대통령이 책임지지 않고 자신만은 빠져나가려는 모습을 보이면서, 국민의 분노는 더 커진다. 그런 속에서 운명의 4월 26일을 맞이한다. 이날 시위 상황은 어떠했나.

'승리의 화요일' 4월 26일 시위가 오전 5시 30분경에 시작됐다. 국회 의사당 앞에도, 세종로 주변에도, 을지로 2가와 4가에도, 종로 4가 주변에도, 미아리 방면에도 군중이 모여 웅성거렸다. 오전 6시가 넘자 군중은 "선거 다시 하라", "이승만 정권 물러가라"고 외쳤다. 얼마 후 군중은 3만 명가량으로 불어났다. 미군 정보 기관원들은 오전 7시 45분에 1만 5,000명 정도의 군중이 동대문에 집결했다고 보고했는데, 이들은 오전 8시 30분에는 군중이 7만 5,000여 명으로 늘어나 동대문과 세종로 사이의 종로길 일대를 메웠다고 썼다. 시위대는 재선거와 이승만 사퇴를 계속 외쳤다. 조재미 사단장과 연락 장교 이석봉 준장은 이른 아침부터 꽉 차버린 거리를 보고 해산을 종용하려 했다. 그러나 이들은 탑골공원 앞에 왔을 때 시위대에 완전히 포위됐고, 병사들은 자취를 감춰버렸다. 그러면서 시위대가 오히려 군인들을 호위하면서 따라가는 형국이 됐다. 서울운동장 식당에서 학생과 각계 대표로 선출된 14명이 이석봉 준장과 회담했고, 이 준장은 송요찬 계엄사령관에게 이를 보고했다. 송요찬 사령관은 이들을 경무대로 데리고 가겠으니 데리고 오라고 지시했다.

오전 9시경, 1만여 군중이 곳곳에 바리케이드가 설치된 국회의사당 앞과 광화문 네거리에 운집했다. 탱크 3대에는 군인들과 함께 학생과 시민들이 올라탔다. 광화문 네거리는 구름처럼 모여든 군중으로 꽉 찼다. 14명의 시민·학생 대표가 조재미·이석봉 준장의 안내로 경무대로 향했다. 온 시내는 대통령 사퇴와 3·15 부정 선거 원흉 처단을 부르짖는 학생과 시민으로 가득 찬 것 같았다.

— 그 무렵 경무대 분위기는 어떠했나.

허정이 아침에 경무대로 가보니 대통령 부인 프란체스카가 '하야하는 게 좋겠다'고 권유했다고 한다. 프란체스카가 귓속말로 '이제는 하야할 때다', 이렇게 결심을 재촉했다고 하고 김정열 국방부 장관도 '이제는 하야해야 합니다'라는 태도를 보였다. 거기에 가

세해 허정도 '물러나셔야 합니다'라고 권유했다. 4월 26일 아침이라고만 돼 있어서 정확한 시간은 알 수가 없다.

이때 85세 노인네는 완전히 기댈 데가 없게 된 상황에 처했다. 말할 것도 없이 친일파 일색인 자유당 간부나 국무위원은 이런 위급한 때에는 조금도 믿을 만한 자들이 아니었다. 제일 가까운 허정, 김정열, 프란체스카, 이 사람들까지 물러나라고 하고, 군은 중립을 지키겠다고 하면서 자신의 권력을 지켜줄 의사를 조금도 보이지 않았다. 군은 이미 4월 19일부터 그런 기색을 보였는데 그 후 더 확실해진 거다. 거기다가 미국도 물러나라고까지 명시적으로 이야기하진 않았지만, 이날 오전 9시 10분 매카나기 대사가 김정열 장관한테 전화해 재선거를 촉구했다. 이러한 상황에서 이 노인이 '어디 한 군데도 기댈 데가 없다', 그런 절망적인 생각이 들면서 '그러면 하야하지', 이렇게 되고 만 것이다. 상황이 그랬다. '내가 하야하지' 하고 이 대통령이 얘기했을 때 '매카나기 대사, 매그루더 주한 미군사령관을 불러오자'고 허정, 김정열이 생각하고 있었는데, 그 두 사람이 오기 전에 또 하나의 사태가 일어났다.

─ 무엇인가.

송요찬 계엄사령관이 계속 대표를 데려오겠다고 하더니만 시민·학생 대표 14명 중 5명을 데리고 들어온 것이다. 이 대통령은 불신의 눈초리로 송요찬을 바라봤다. 그렇게 자기한테 충성을 바치겠다고 다짐했던 송요찬, 별을 달 때마다 자신이 그렇게 관심을 표명했는데, 그리고 육군 참모총장에 임명했는데 그 송요찬이 이제는 이승만 기준으로 보면 '배신자'가 된 거다. 그래서 그런 눈으로 보는데, 송요찬은 시민·학생 대표를 데리고 와 대통령에게 얘기하라고 말했다. 대표들은 이승만한테 바로 사임을 요구했다. 그때 밖에서 뭔가 발사하는 소리가 들렸는데, 대표들이 또 사임을 요구했다. 그러니까 이승만은 "국민이 원한다면 사임하겠다"고 이 사람들에게 얘기하고, 떨리는 목소리로 "망명을 원하느냐"고 물어봤다. 대표들은 "이 나라를 구하기 위해서는 그것이 유일한 길"이라고 답변했다. '그것'이 사임인지 망명인지는 잘 알 수가 없지만 사임에 더 가까운 것 같다는 생각이 든다.

오전 10시경 또는 10시가 조금 지났을 때 이승만이 대표들한테 다음과 같이 비서가 쓴 하야 성명서를 보여준다. 아주 유명한 성명서다. "1. 국민이 원한다면 대통령직을 사임하겠다." 여기서 나중에 매카나기 대사도 물어본 건데, 그러면 국민이 원하지 않으면 사임하지 않겠다는 뜻인가. 그러자 허정이 매카나기한테도, 다른 사람들한테도 명확히 이야기했다. 사임하겠다는 걸 그런 문자를 써서 표현한 것이라고. 허정이 이 부분에 대해 명확한 태도를 보인다.

"2. 3·15 정부통령 선거에 많은 부정이 있었다 하니 선거를 다시 하도록 지시하겠다." 아니, 3·15선거에 부정이 많아서 이렇게 들고일어난 것이고 그 많은 사람이 죽은 건데, 이 양반은 하야 성명서를 낼 때도 '부정이 있었다고 남들이 말하니 선거를 다시 하도록 지시하겠다', 이렇게 나왔다. 이분은 절대로 자기 잘못을 인정한 적이 없다고 많은 사람이 쓰고 있다. 인정하지 않는 분이다. 여기서도 그걸 볼 수 있다. 이기붕을 공직에서 물러나게 하겠다는 것이 세 번째이고, 네 번째로 "국민이 원한다면 내각 책임제 개헌을 하겠다"고 해서 개헌 문제를 얘기한다. 여기에도 "국민이 원한다면"이라는 말이 들어갔다.

이승만 하야 과정에서
미국이 한 역할

── 4월 26일, 미국은 어떤 모습을 보였나.

그날 미국은 훨씬 적극적인 움직임을 보인다. 미국 대사관 기록에 오전 9시 10분으로 나오는데, 자기들이 제일 믿고 가깝다고 생각한 김정열 장관한테 매카나기 대사가 전화를 했다. 그래서 '이 대통령을 즉시 만나, 정부통령 재선거를 실시하겠다는 성명서를 발표하고 이 대통령 자신의 미래의 정치적 역할을 고려하도록 해줄 것을 촉구했으면 좋겠다', 이렇게 얘기한 걸로 돼 있다. 재선거 실시, 이건 아주 중요하다. 이제는 3·15 선거를 인정하지 않겠다는 것을 확실히 한 것이다.

문제는 그다음에 나오는 '미래의 정치적 역할을 고려하도록', 이 대목이다. 이승만 대통령 하야까지는 아직 고려하지 않은 걸로 볼 수 있지 않느냐고 생각할 수 있다. 왜냐하면 미래에 역할을 하라고는 한 것이니까. 여기서 미래의 정치적 역할은, 그동안 민주당이 계속 주장했고 자유당에서도 여러 차례, 특히 1958년과 1959년에 강하게 거론했던 내각 책임제로 개헌해서 이승만 대통령은 국가원수로만 있어라, 이런 뜻이 아니겠는가. 난 그렇게 해석한다. '미래의 정치적 역할'이란 말을 이승만 대통령에게 하야하라고 했다고까지 해석할 수는 없을 것 같다. 그러고 나서 주한 미군 사령관이자 유엔군 사령관인 카터 매그루더와 함께 경무대를 방문하겠다고 하는데, 경무대에서 '지금 올 때가 아니다', 이렇게 얘기했다.

—— 이승만 대통령 하야는 언제 결정된 것인가.

문제는 이승만 대통령이 하야를 결정한 시간이 언제냐 하는 것이다. 이게 어떤 데에서도 명확하게 자료상으로 안 나온다. 이날 아침이라는 것, 오전 10시 이전이란 것은 틀림이 없는데 시간이 명확하지 않기 때문에 거기서 수많은 설이 나올 수밖에 없게끔 돼 있다. 내가 여러 자료를 갖고 볼 때, 오전 9시 전후에 이 대통령이 사임 쪽으로 몰리고 있지 않았나 싶다. 측근들과 자기 부인한테서 '사임해야 한다'는 강한 얘기를 들으면서, 그렇게 갈 수밖에 없지 않느냐는 쪽으로 기울어지고 있었던 것 같다. 미국 대사가 전화를 했다는 것도 틀림없이 영향을 끼쳤을 것으로 보이지만 '그것 때문이다', 이렇게 볼 수는 없고 여러 영향 중 하나로서 얘기할 수는 있겠다는 생각은 든다.

하여튼 경무대에 바로 들어가지 못한 매카나기는 오전 9시 45분에 성명서를 발표한다. '이제는 미봉책을 쓸 때가 아니다', 이것이다. 앞의 것보다 더 강한 것이다. 이때쯤 되면 하야를 촉구한 것 아닌가 하는 생각을 할 수가 있다. 미국의 메시지가 꼭 하야만 의미한다고는 볼 수가 없지만 하야를 의미할 수도 있다, 이렇게 해석할 수 있다.

오전 10시 15분에 김정열 장관이 매카나기 대사, 매그루더 사령관한테 '이 대통령이 자진 사퇴한다', 이걸 통보했다고 돼 있다. 그러면서 10시 20분경에는 서울 지구 계엄사령관 조재미 준장과 또 다른 쪽에서 '이 대통령은 하야했다'라는 걸 시위 대중에게 알렸다. 그러니까 이승만 대통령과 그 측근들이 '미국 영향을 받고 사퇴하는 것이 아니다', 그런 의미로 미국 측에 10시 15분에 사퇴하겠다는 것을 통보한 걸로 볼 수가 있다. 그러고 나서 10시 30분경 매카나기 대사가 경무대에 들어가게 된다. 그땐 계엄사에서 하야 발표를 이미 했을 때다.

미국이 이승만 하야에 얼마만큼 중요한 역할을 했느냐 하는 것을 평가하기는 쉽지 않다. 그러나 이 대통령이 물러나게 된 데, 다시 말해 자신이 고립무원의 상황에 처해 있고 측근조차 물러나라고 하는 데 큰 영향을 끼친 것은 사실 군이다.

4월혁명 때에도, 10·26 후에도
미국은 군을 선호했다

── 4월혁명 당시 군은 어떤 태도를 취했나.

군은 중립을 지켰다. 이승만은 군이 자신을 방위해줄 줄 알았는데 군은 이승만의 권력을 지켜주지 않았다. 그런데 군이 중립을 지킨 건 미국의 영향이 아니냐, 또 이런 해석이 많다. 이것도 상당히 설득력이 있다고 본다. 그러나 군이 중립을 지킨 건 미국의 영향 때문만은 아니다. 여러 영향이 작용한 것이었다. 미국의 영향을 그중에서 예컨대 30퍼센트로 봐야 하는지, 아니면 50퍼센트로 봐야 하는지는 도저히 해석이 안 된다. 그렇게 딱 잘라서 평가할 수는 없다.

송요찬 계엄사령관, 조재미 서울 지구 계엄사령관을 비롯한 여러 군 관계자가 중립을 지킨 것은 밑으로부터 올라오는 강한 압력, 전반적으로 이승만 정권이 붕괴하고 있음을 눈치챈 상황 인식,

이런 것이 기본적으로 많이 작용했다고 본다. 송요찬은 육군 참모 총장으로 있을 때 이기붕 집에 자주 들락거렸다. 그것도 다른 사람이 찾아오지 않는 아침 일찍 찾아갔다. 보고할 것이 그렇게 많을 리가 없다. 눈도장 찍으러 간 것 아니겠나. 3·15 부정 선거에도 육군 참모총장으로서 깊이 개입했다. 그런데 4·19 그날부터 확 변한 것이다.

그렇지만 미국 영향이 있었던 것은 맞다. 그래서 이승만 대통령 하야에 미국이 일정하게 또는 상당 부분 영향을 줬다고는 볼 수 있다. 그러나 그것이 가장 중요한 영향력이거나 결정적인 영향력이라고 볼 수는 없다.

— 하야 결정 후 미국은 어떤 움직임을 보였나.

이승만 대통령이 하야하겠다고 한 후 매카나기 대사가 허정, 김정열한테 한 이야기가 중요하다. 당시 허정은 과도 정부를 이끌 수반이 될 수 있는 외무부 장관이었다. 이들에게 뭐라고 얘기하는가 하니, '계엄사령부 등 군에 정권을 이양할 것'을 제안한다. 이건 많이 밝혀져 있지 않은 사실인데, 김정열 회고록에 나온다. 놀라운 일이다. 미국은 자기들이 모든 힘을 기울여 강력하게 키웠다고 본 군을 절대적으로 신뢰하고 있었던 것이다. 그래서 이승만 대통령 이후 군이 정권을 잡는 것을 생각했던 것으로 보인다.•

• 4월 19일 이승만 대통령을 만났을 때도 매카나기는 반공 보루로서 한국의 위상을 강조했다. "저는 각하께서 이번 사태로 안전하고 안정된 작전 기지로서 한국을 유지해야 하는 미국 측의 이해가 심각하게 위협받고 있으며 미국이 이를 지킬 책임이 있음을 기억해 주시기 바랍니다."

이승만 하야 소식을 담은 호외가 바닥에 널브러져
있다. 사진 출처: 4·19혁명기념도서관

이런 것은 1979년 10·26 때도 분명히 보인다. 10·26 때도 미국의 여러 자료를 보면 한국의 민주주의 세력을 별로 신뢰하지 않는다. 사실은 한국이 지금 민주주의를 할 상황에 있는 나라가 아니라는 식으로 인식하고 있었다는 점이 더 중요하다. 그래서 10·26으로 박정희 대통령이 제거된 것에 대해서는 환영의 뜻을 보이는 것 같지만, '한국에서는 여전히 강력한 통치가 이뤄져 반공의 최전선이 조금이라도 흐트러지거나 혼란이 초래되는 사태가 와서는 안 된다', 이 점은 확고했던 것으로 보인다.

12·12쿠데타에 미국이 어떻게 개입했는가에 대해서는 논란이 많다. 그러나 쿠데타 이후 전두환·신군부를 미국이 강력히 지지한 건 여러 자료가 확실히 입증하고 있다. 1980년 5·18 때 미국이 적극적으로 광주항쟁 세력을 진압하는 것을 지지하는 태도를 보이는 것도 명확했다. 전두환·신군부 정권이 들어섰을 때 전두환을 로널드 레이건 미국 대통령이 취임 후 첫 번째로 맞이하는 외국의 중요 손님으로 초대한 것도 그 일환으로 보인다. '신군부를 우리가 강력하게 지지한다. 군인들만 믿을 수 있다', 이런 것하고 연결되는 것으로 보인다. 그게 4월혁명 때도 나타나는 것이라고 해석된다.

이승만 하야 소식에 덩실덩실 춤춘 민중
해방의 날이 따로 없었다

── 이승만 사임 소식에 민중은 어떤 반응을 보였나.

26일 오전 10시 20분경 계엄사의 선무용 스피커가 이승만의 사임을 알렸다. 기다리고 기다리던 '승리의 화요일'이 온 것이다. 군중은 뛸 듯이 기뻐했다. 일제히 박수를 보내며 환호성을 올렸다. 떠나갈 듯 함성이 울리는 세종로 일대에서 일부 군중이 중앙청 정문으로 밀려들어갔다. 10대 소년들은 이승만 동상을 새끼줄에 묶어 끌고 다녔다. 중앙청과 세종로 일대에서 10여만 명이 함성을 지를 때인 오전 11시 45분, 4월 19일에 동급생을 잃은 수송국민학교 어린이 100여 명이 스크럼을 짜고 "군인 아저씨, 우리 오빠·누나들에게 총부리를 돌리지 마세요"라고 쓰인 플래카드를 들고 "어린 피에 보답하라"고 외쳤다. 흰옷을 입은 한 노인네는 덩실덩실 춤췄다. 해방의 날이 따로 없었다.

오전 11시 20분경에는 동대문경찰서에서 밀고 들어오는 군중을 향해 발포해 4명이 현장에서 즉사했다. 군중은 경찰서에 불을 질렀다. 오후 1시경 교통이 마비된 채 거리거리에 꽉 차 있던 30만 명쯤 되는 군중은 이승만 하야가 발표됐는데도 "이승만 정권 물러가라", "살인 경찰 잡아내라"고 외치며 거리를 누볐다. 군중은 이기붕 집으로 쳐들어갔다. 거기엔 아무도 없었다. 지키는 사람도 없었다. 군중은 가구와 장식품을 들고나와 불을 질렀다. 수박도 나왔다. 최인규 집에도 불을 질렀다. 자유당 강경파 장경근의 집도 습격당했다. 그와 달리 반공회관 앞 맥아더 장군 동상에는 화환이 걸렸다.

── 서울 이외 지역에서는 어떠했나.

이날 지방에서는 크고 작은 시위가 잇달았다. 인천에서는 인천고 학생들이 시위를 했고, 서울에서 학생들이 트럭 등을 타고 인천시청에 몰려오기도 했다. 부산에서는 마산에서처럼 이색적인 시위가 벌어졌다. 오전 9시경 90세 전후의 노인을 선두로 경로회 노인들이 시위에 나서자 국민학교 학생들도 나서 "이승만 대통령 물러가라"고 외쳤다. 오전 10시 30분경 이승만 사임 소식이 알려지자 수만 군중이 곳곳에서 환호성을 올렸다. 이곳도 해방 분위기였다. 오전 10시 40분경 800여 명의 부녀자들이 우남공원(오늘날 용두산공원) 쪽으로 시위를 하면서 자유당사를 점거하고 이승만과 이기붕의 사진과 초상화를 모조리 찢어버렸다. 학생 등 시위대는 버스를 타고 마산으로 떠났다. 부산에서 2,000여 명이 몰려와 마산시청, 경찰서, 파출소, 소방서 등을 습격했다. 김천에서는 시위대가 밤 10시 15분경 경찰서 앞으로 몰려오자 경찰이 발포해 2명이 사망했다.

이승만 사임 성명에 대전의 학생들은 '민권 승리'를 구가하며 주요 도로를 행진했다. 시위대는 김학응 충남 도지사와 경찰국장, 대전시장 및 각 기관장의 사퇴를 요구했다. 대구에서는 경북대 교수와 학생들이 오후 1시경부터 "국민은 원한다. 이 대통령의 하야를"이라고 쓴 플래카드를 앞세우고 시위를 벌였다. 수원에서는 서울에서 내려온 원정대가 중심이 돼 시위를 벌였다. 의정부에서도 서울에서 온 원정대가 시위를 했다. 목포에서도 오전 10시경부터 고교생을 중심으로 시위가 벌어졌는데, 시민들이 합세해 목포경찰서, 자유당 목포시당 건물 등을 습격했다. 천안에서는 천안농고와 천안여고 학생들이 데모를 했고 포항에서는 동지중·고등학교 학생들이 시위를 벌였다. 울산에서는 울산공고 학생들이, 공주에서는 공주고 학생들이, 묵호에서는 묵호상고를 비롯한 고등학교 학생들이, 진주·순천·제천에서도 학생들이 시위를 벌였다.

이날 묵호, 여수, 임실에서는 민주당원들이 데모를 했다. 지금까지 3, 4월 시위에서 민주당 시위를 중요한 것만 얘기했는데 3, 4월

이승만 하야 소식을 듣고 기뻐하는 시민들.
사진 출처: 4·19혁명기념도서관

에 민주당원들이 중소 도시 등지에서 고통스러운 생활을 하며 시위를 벌였다는 점을 과소평가해서는 안 될 것이다.

—— 이승만 하야 발표에 정치인들은 어떤 반응을 보였나.

4월 26일 오전 국회 여야 간부들은 재선거를 실시하고, 내각책임제 개헌을 하고, 개헌 후 총선거를 다시 실시한다는 3개 항에 합의했다. 오후 3시 17분에 열린 국회 본회의에서는 이 세 가지 사항의 앞에 "이승만 대통령은 즉시 하야할 것"을 더 넣었다. 국회와 정치인들이 할 수 있는 일은 이 시기에 별반 없었다. 그런데 그다음에 문제가 발생했다.

—— 어떤 문제가 생겼나.

27일에 '이제 대통령께서 국회에 사임서를 정식으로 제출해야 합니다'라고 말하면서 비서들이 사임서에 사인을 해달라고 요청했다. 그런데 이승만은 막무가내로 거부했다. 사임하겠다는 방송이 전날 이미 다 나갔는데도, 여러 비서가 번갈아가면서 '사인해주십시오'라고 간청하는데도 계속 버텼다. 정말 권력을 놓지 않으려는 노독재자 최후의 몸부림이더라.

허정도 '사인을 하셔야 합니다'라고 권유했지만 실패했고 김정열이 옆에서 또 촉구했다. 그랬더니만 노인네는 '역시 사임하면 온 국가가 혼란에 빠질 것이 확실하다'고 고집했다. 그때 허정이 아주 강하게 얘기한 걸로 기록돼 있다. '질서를 확고히 유지할 수 있습니다', 이렇게 얘기했다. 허정이 그렇게 얘기하는데 이 대통령도 어떻게 할 수 없지 않나. 그때서야 사인했다. 사직서에는 "나 이승만은 국회의 결의를 존중하여 대통령을 사임하고 물러앉아 국민의한 사람으로서 나의 여생을 국가와 민족을 위하여 바치고자 하는바이다"라고 돼 있다. 4월 26일 국회에서 '이승만 대통령은 즉시 하야할 것'을 결의했는데, 그 결의를 존중하여 물러난다는 것이었다. 그 사직서를 국회에 제출해 정식으로 대통령이 물러나고, 허정이대통령직을 대행하고 과도 내각 수반이 된다. 그렇게 한 시대가 끝났다. 지금까지 과정을 봐라. 이 대통령이 4월 25일까지 사임하겠다는 뜻을 조금이라도 비친 것이, 그렇게 해석할 만한 것이 한 가지라도 있나? 전혀 없다.

이승만은 왜 박정희와 달리
사임할 수밖에 없었나

4월혁명, 아홉 번째 마당

권력 2인자의 죽음은
너무도 쓸쓸했다

김 덕 련 이승만 하야 후 자유당 정권은 몰락한다. 이승만 밑에서 권세를 누리던 이들은 어떻게 됐나.

서 중 석 4월 28일 새벽, 경무대 관사 36호실에서 아주 비극적인 사건이 발생했다. 이기붕 일가가 자살한 것이다. 이승만 밑에서 한때 권력을 좌지우지했던 이기붕과 이화여대 문리대 학장과 부총장을 역임했고 여러 여성 단체에서 제일 대표 격으로 활약했던 부인 박마리아, 대통령 양자로 들어간 이강석, 그리고 연세대에 다녔고 여학생들에게 인기가 아주 좋았다고 알려진 이강욱. 이 일가족 네 명이 자살했다.

　우리나라 정치인 중에서 잘못을 인정하고 자살하는 건 이게 처음이자 마지막이다. 이기붕의 글을 보면, 한국전쟁이 났을 때 이 사람이 서울시장이었는데 나름대로 서울시를 돌보다 늦게야 피란을 가는 걸 볼 수 있다. 피란 가기 전에 자살하려 했다고 쓰고 있다. 그때 부인이 막고 해서 자살을 못한 것처럼 돼 있는데, 서울시가 함락되는 걸 보면서 책임감을 느꼈다, 이런 얘기다.

　이기붕은 한때 이승만 정권의 2인자로서 권력을 좌지우지했던 사람이다. 이기붕의 저택이 서대문 경무대로 불릴 정도였다. 그러나 권력 2인자의 죽음은 너무도 쓸쓸했다. 조사弔詞도 읽지 않은 채 15분도 안 돼 영결식이 끝났고, 그러고서 값싼 목관에 허술한 수의를 입은 채 조봉암 등이 묻힌 망우리로 갔다. 이기붕 일가가 자살한 4월 28일 이승만 대통령은 이화장으로 집을 옮겼다. 완전히 권력을 떠났다는 걸 이걸로 입증했다고 볼 수 있다. 그다음 날 (29일) 최인규가 구속되는 걸 신호탄으로 장관의 거의 대부분, 자유당 간부의 거의 전부가 구속되는 걸 볼 수 있다. 이승만 정권은 그렇게 무너졌다.

5월 29일 미국 대사관의 알선으로 이승만이 하와이로 떠날 때 허정이 배웅을 나갔다. 이때 허정은 이승만이 왼쪽 눈을 잘 뜨지 못했고 그래서 안면 주름살이 쉴 새 없이 떨려서 마주 보기가 민망했다, 그렇게 얘기하고 있다. 휴양으로 떠난다고 했지만 마지막이었다. 한국을 떠난 후 1965년 하와이에서 쓸쓸히 세상을 떴다.

—— 이기붕 일가가 살해된 것 아니냐는 시각도 있다. 어떻게 보나.

이기붕과 친구 사이였고 일제 말에는 사업도 같이 한 적이 있는 허정은 이기붕이 자살하지 않았더라면 외국에 나가도록 자신이 주선하려고 했는데 안타깝게 됐다고 회고했다. 이기붕 일가가 자살했을 때 누가 총을 쐈느냐, 이 부분을 가지고 약간 논란이 있었다. 심지어 '이기붕이 도피했다', '다른 데 가서 살고 있다', '자살한 것처럼 꾸몄다', '가짜 시체다', 이런 터무니없는 주장까지 나오고 그랬다. 또 이기붕을 희생양으로 삼아 죽게 한 것이고 이기붕 일가가 자기들끼리 총을 쏴서 죽은 걸로 보기가 어렵다는 설도 있다. 희생양을 말한 마지막 부분은 설득력이 없는 건 아니지만, 난 설로만 본다. 그간 이기붕에 대한 자료를 최대한 보려고 노력했고, 이기붕 부부에 대해서는 할 이야기가 많다. 그 사람의 성격 때문에도 자살의 길을 스스로 선택했을 것이고, 이강석도 굉장히 프라이드가 강했다. 그래서 박마리아나 이강욱을 설득하지 않았을까? 이강욱은 정

이기붕 일가족의 운구 차량(왼쪽 사진)과 하관식 장면. 정권의 2인자로서 권력을 좌지우지했던 이기붕의 죽음은 너무도 쓸쓸했다. 조사弔詞도 읽지 않은 채 15분도 안 돼 영결식이 끝났고, 그러고서 값싼 목관에 허술한 수의를 입은 채 망우리로 갔다. 사진 출처: e영상역사관

말 그 나이에 그렇게 죽는다는 게 얼마나 애달팠겠나.

더 짚어볼 것이 있다. 이승만 하야와 관련해 그간 벌어진 논란 중에는 1979년 10·26 때문에 생긴 것도 있다.

이승만 정권의 몰락과 언론의 힘

— 어떤 것인가.

10·26 이후 김재규가 재판을 받을 때 이런 이야기를 했다. "이승만 대통령은 물러설 때 물러설 줄 알았는데 박 대통령의 성격은 절대로 물러설 줄 모른다. 국민과 정부 사이에 반드시 큰 공방전이 벌어지고 수없이 많은 사람이 상할 것은 틀림없다", 그래서 자신이 "야수의 마음으로 유신의 심장을 쏘았다"고 진술했다. "심장"을 쏜 주요 이유 중 하나로 엄청난 희생을 막기 위해 그랬다고 말한 것이다. 그러면 이승만 대통령과 박정희 대통령은 정말 다른가, 이런 문제가 부상한 것이다.

공통점부터 살펴보면 둘 다 혼자서 절대 권력을 가지려고 했다. 그것도 영구적으로. 85세 노인네가 초인적으로 그런 생각을 가지고 있었다. 두 사람 다 홀로 설 수 있는 2인자는 절대 용납하지 않았다는 점도 같다. 박정희는 더 나아가 부통령을 두지도 않았고 부정 선거 대신에 아예 친위 쿠데타를 일으켰다고들 얘기하지 않나. 자유당과 민주공화당 둘 다 관제 정당이고, 두 사람 모두 냉전 체제에 철두철미하게 순응하며 극단적인 반공, 반북 정책으로 권력을 유지한 점도 같다.

다른 점을 짚으면 이 대통령은 경찰, 그중에서도 사찰계 경찰의 도움을 많이 받았다. 지금으로 말하면 정보 경찰이다. 그에 비해 박정희 권력은 정보부 권력이라고 할 정도로, 중앙정보부가 경찰도 통제하고 막강한 권력을 휘둘렀다. 권력 유지를 위해 경찰과 중앙정보부를 사용했지만, 그 힘에서 양자는 굉장히 큰 차이가 있다. 이 것도 이승만 정권이 박정희 정권에 비해 쉽게 무너진 한 요인이지만, 다른 요인도 몇 가지 있다.

── 무엇인가.

하나는 언론이다. 앞에서 군이 중립을 지키고 미국이 개입한 것도 이승만 하야의 한 요인이라고 말했는데, 이와 함께 많은 사람이 '언론이 4·19 때 적극적으로 보도했기 때문에 이승만 정권이 붕괴할 수밖에 없었다', 이런 주장을 하고 있다.

이승만 정권이라고 언론을 왜 통제하고 싶지 않았겠나. 언론을 통제하려 여러 번 노력했다. 법안도 만들려고 했지만 그때마다 잘 안됐다. 마지막에 성공한 것이 1958년 12월 24일 통과시킨 국가보안법 개정안에 그 유명한 언론 조항을 집어넣은 것이다. 유언비어나 국가에 유해한 내용을 보도하면 엄벌에 처한다는 것이었다.

1959년 언론이 된서리를 맞은 대표적인 예가 천주교 쪽에서 발간해 '장면 지지 신문'이라는 얘기도 있던 경향신문이었다. 이승만 정권은 경향신문에 폐간 처분을 내렸다가, 폐간 처분이 법원에서 문제가 되자 무기 정간 처분을 했다. 사실 국가보안법으로 폐간, 정간된 건 아니지만 이것과 관련은 있다.

그러나 4대 신문 중 경향신문을 제외한 동아일보, 한국일보, 조선일보가 1960년 3~4월 시위를 상세히 보도했다. 특히 동아일보가 부정 선거 보도를 많이 했다. 4월 18일과 19일엔 정말 세게 썼다. 그래서 '이제 이승만 정권은 더는 있기가 어렵다. 저 많은 시위자가 죽은 것도 문제지만 이렇게 언론이 보도하는 걸 봐서도 이승만 정권 존립이 쉽지 않겠다'고 느낄 수 있었다.

박정희의 언론 통제와 군 장악, 이승만과는 차원이 달랐다

— 박정희 정권 말기에는 어떠했나.

그때는 언론을 거의 완벽하게 통제했다. 단적으로 1979년 부마항쟁이라는 정말 큰 사태, 계엄까지 선포한 큰 사태가 일어났지만, 계엄 선포 전엔 부산, 마산 지역 사람을 제외하고는 부마항쟁이란 게 있는 줄 아무도 몰랐다. 왜냐하면 한 줄도 보도가 안 됐으니까. 10월 18일 0시를 기해 계엄을 선포하니까 그때서야 신문이 대서특필을 했다. 국가에서 선포한 중대사니까 정부에서도 그건 안 막았다. 막을 수도 없는 거지만. 이승만 정권 말기와 박정희 정권 말기는 그 정도로 언론의 차이가 컸다. 하나는 4월혁명 때 이승만 정권을 매섭게 때렸고, 다른 하나는 박정희가 18년간 계속 때려잡아서 언론을 무력화하고 거의 완벽하게 통제했던 차이가 있다.

그것 못지않게 중요한 차이로 군에 대한 통제를 얘기할 수 있다. 앞에서도 얘기한 것처럼 이승만 정권은 4월 19일 오후에 계엄을 선포했고, 그날 밤에 군이 서울에 들어왔다. 그렇지만 군은 정권 쪽에서 기대한 권력 유지 도구 역할을 하지 않았다.

거기엔 송요찬 계엄사령관의 의지만 작용한 건 아니다. 당시 영관급들이 써놓은 글이라든가 다른 여러 사람이 써놓은 수기 등을 보면, 군은 출발할 때부터 '총은 아주 특별한 사태가 있을 때에만 쏴라'는 지시를 받기도 했다. 그리고 '우리도 3·15 부정 선거에 분노하고 있었고 그런 분위기를 상관들도 다 알고 있었을 것이다', 이런 식으로 써놓은 것도 있다.

당시 군이 이 대통령한테 충성을 바치기가 어려웠던 측면이 그 내부에 있었던 것이다. 젊은 사람들은 누구나 3·15 부정 선거가 너무 심했다는 것에 분노하지 않을 수 없지 않나. 실제로는 위관급·영관급 장교, 이 사람들이 일선에서 군을 끌고 나가는 건데 그럴 수밖에 없었던 것이다. 그 위에 있던 서울 지구 계엄사령관도 그럴 수밖에 없는 면이 있었던 것이다. 나중에 자기가 앞장섰던 것처럼 글을 썼지만 꼭 그런 것만은 아닐 것이다. 이런 측면을 생각할 수가 있다. 어쨌건 그래서 이 대통령이 하야를 발표할 때까지 군은 중립을 지켰다. 송요찬 계엄사령관은 시민·학생 대표까지 데리고 경무대에 가지 않았나.

── 박정희 대통령은 총으로 권력을 잡았다. 그렇기 때문에 군대의 무서움을 누구보다도 잘 알고 있었을 것 같다. 실제로 어떠했나.

박 대통령은 군 출신이고, 군에 대한 통제가 얼마나 중요한지를 자신이 쿠데타를 일으키기 전에도 이미 잘 알고 있었다. 그러면서 미국과 교섭해서 특전사와 수도경비사령부(수경사), 이쪽을 자신의 직접 관할 아래 둔다. 이 대통령과 이기붕도 군에 상당히 많은 정치를 했지만, 박정희 대통령은 군 사단장을 임명하는 것 하나만 해도 신경을 많이 썼다. 사단장급한테도 여러 가지로 뭔가 가고 그러지 않았나. 그럴 정도로 자신의 지시에 따라 움직이는 조직, 철두철미하게 자신한테 충성을 바치는 조직으로 군을 통제하려 했다.

물론 차지철 경호실장의 권력 남용 같은 것들이 작용해 나중에는 군에 균열이라고도 볼 수 있는 현상이 나타났다는, 그러니까 군이 박 대통령에게 무조건 충성만 하지는 않았다는 몇 가지 증언이나 자료도 나오고 있다. 그렇다고 하더라도 박 대통령은 군을 이 대통령과는 비교가 안 되게 강력히 장악하고 있었다. 그리고 걸핏하면 계엄을 선포했다. 전두환 대통령이 그런 말을 할 정도로, 박 대통령은 계엄을 자주 선포했다.

제 몸 하나 못 가눈 이기붕,
전두환·노태우 거느린 차지철

— 이승만 정권과 박정희 정권의 차이 중 눈여겨볼 만한 것으로 또 어떤 것이 있나.

2인자가 어떤 역할을 하느냐, 이것도 중요하다. 이승만 대통령이나 박정희 대통령이나 홀로 설 수 있는 2인자를 결단코 용납하지 않았다고 했지만 최고 권력자에게 맹종하며 충성을 바치는, 권력에 있어 2인자라고 볼 수 있는 사람은 어디에나 있는 것 아닌가.

1974년 12월 대통령 경호실 창설 기념식에서 연설하고 있는 차지철 경호실장. 차지철은 "각하를 지키는 것이 나라를 지키는 것이다"라고 하면서 박정희 대통령의 마음에 맞는 역할을 충실히 했다. 사진 출처: e영상역사관

　이기붕은 자기 권력은 물론 이승만 권력을 지켜줄 능력도 결여한 사람이었다. 이 사람은 1960년 4월 19일 시위 규모가 커질 때에도 6군단으로 빠르게 피신했고, 25일 다시 시위가 커지니까 또 빨리 피신했다. 이기붕이 국회의장이고 부통령 당선자로 발표된 사람인데도 그런 이기붕을 지켜줄 수 있는 건 약간의 경찰력밖에 없었다. 쿠데타가 일어난다는 걸 생각하지 못할 때여서 그렇겠지만, 그 당시엔 그랬다. 그래서 이기붕은 개구멍을 빠져나가듯 뒷문으로

빠져나갈 수밖에 없었다. 자신을 지켜줄 사람이 없었던 것이다.

그전에 이기붕은 각부 신경통에 협심증으로 계속 고생했다. 6군단 군인이 쓴 글을 보면, 25일 오후 6시경 집 뒷문으로 빠져나갈 때 이기붕은 대소변 변기와 신경통을 앓고 있는 다리에 덮을 담요, 수건, 약간의 돈 등이 든 간단한 가방만 싣고서 6군단으로 왔다고 한다. 그런데 몸을 가누지를 못했다고 한다. 대소변을 제대로 못 봤으니까 변기를 가지고 다닐 수밖에 없던 데서도 짐작할 수는 있지만, 이렇게 자기 몸 하나 제대로 추스르지 못하는 사람이었다. 그러니 이 대통령을 지켜줄 수 있는 사람은 전혀 아니었다.

차지철은 그와 달랐다. "각하를 지키는 것이 나라를 지키는 것이다", 경호실에 딱 써 붙였다. 차지철은 그런 신념에 따라 강력한 병력을 휘하에 두었다. 심지어 경호실 차장이 군단장급인 중장이었다. 그리고 전두환, 노태우 다 경호실 차장보를 거쳤는데, 그런 소장, 준장을 갖다가 차장보에 앉히고 그랬다. 이렇게 강력하게 국가 권력, 군 권력을 움켜쥐고 있었다.

그러면서 박정희에 대한 변함없는 충성을 과시했다. 부마항쟁이 났을 때도 김재규가 큰일 났다고 얘기하자 차지철은 "캄보디아에서는 (크메르루즈가) 300만 명을 죽이고도 까딱없었는데 우리도 데모대원 100만, 200만 명 죽인다고 까딱 있겠습니까", 이렇게 나왔다. 또 1979년 10월 26일 궁정동 안가에서 '대행사'(박정희 대통령이 측근들과 젊은 여성들을 불러 즐긴 연회)가 열리고 바로 거기서 총탄이 쏟아지지 않았나. 그 대행사에서 신민당 얘기가 나왔을 때, 차지철은 야당이건 학생이건 까부는 놈들은 전차로 쓸어버리면 된다는 발언을 하면서 박 대통령을 안심시키고 그랬다. 당시 신민당 총재였던 김영삼 의원 제명 문제로 시끄럽지 않았나. 차지철은 박정희 대통령의 마음에 정말 맞는 역할을 충실히 한 것이다.

박정희 "내가 직접 발포 명령…
누가 나를 어떻게 하겠느냐"

── 그런 인물의 문제 행동을 방임 혹은 조장한 건 명백히 최고 권력자가 책임져야 할 사항 아닌가.

이승만 정권, 박정희 정권의 붕괴와 관련해 제일 중요한 건 역시 본인이라고 봐야 한다. 이 대통령은 아주 보수적인 개신교도로 미국의 보수적인 개신교의 정치적 입장과 세계관이 같은 것이 많았다. 그러면서 군주적 권위 의식을 가졌다. 그렇다 하더라도 직접 군인이었던 적은 없다. 민간인이었다. 군과 관련 있을 때도 이 사람은 민간인이었다. 거기다 85세라는 나이도 고려해야 한다. '모든 것이 나를 지켜주지 않는다'고 할 때 노인한테는 큰 좌절감이나 절망감이 불현듯 엄습할 때가 있다. 그리고 이 대통령이 아무리 권력욕이 강했다고 하더라도, 4·19 때 100여 명이 죽은 것에 대해 '이거 잘못하면 큰일 나는 거 아냐', '내가 어떻게 되는 것 아냐' 하는 불안감도 가질 수가 있었다. 거기다 4월 25일 밤에서 26일 아침까지 일어나는 상황은 결국 85세 노인으로 하여금 더는 권력에서 버티기 어려운 시간을 순간적으로 갖게 했고 그래서 어쩔 수 없이 사임하게끔 됐다고 볼 수 있다.

그렇지만 박 대통령 이 양반은 일본 지배 하의 만주군 출신일 뿐만 아니라 일본군의 그 어느 누구보다도 강력한 군인 정신을 가졌다고 많은 사람이 말하지 않나. 일본의 강한 군인 정신에 대한 굉장한 존경심이라고 할까, 그리고 해방 이후에는 그것에 대한 강한 향수 같은 것도 갖고 있었다. 다른 친일 군인들은 1950년대에 순식간에 친미파로 돌아섰지만 박정희는 그것하고 달랐다. 미국적인 분위기엔 잘 안 맞았고 군국주의 시대 일본적 분위기가 강렬하게 몸에 밴 사람이었다고들 말한다. 일부 박정희 추종자는 박정희가 여차하면 할복하려는 각오로 자신의 권력을 지키려 한 사람이라고 이야기하지 않나.

박정희는 부마항쟁이 나서 김재규가 부산 상황을 얘기할 때도, "이제부터 사태가 더 악화되면 내가 직접 쏘라고 발포 명령을 하겠다", "자유당 말에는 최인규가 발포 명령을 했으니까 총살됐지 대통령인 내가 발포 명령을 하는데 누가 나를 어떻게 하겠느냐", 이렇게 나왔다. 이렇게까지 말하면서 어떤 유신 체제 도전 세력에게든 초강경 태세로 나갔다. 김영삼한테 '본때'를 보인 것처럼 정말 말도 안 되는 짓을 하지 않았나. 총재 직무 정지 가처분 신청이 법원에서 받아들여진 것도 그렇고 더군다나 국회의원 제명이라는 마지막 수단까지 썼다. 이를 볼 때 '박 대통령은 쉽게 물러날 분이 아니었다. 김재규 말대로 굉장히 심각한 유혈 사태가 벌어질 수도 있었던 거다'라고 여러 사람이 얘기하고 있다.

반일 정책 때문에
미국이 이승만 제거?

4월혁명, 열 번째 마당

김 덕 련 일각에서는 '이승만 대통령이 대미 자주 외교를 펴 미국과 자주 갈등을 빚었다'며 이승만 하야도 이와 연결해 바라본다. 이승만을 불편하게 여긴 미국이 4월혁명에 개입해 제거 공작을 했다는 식의 주장이다. 이런 주장, 어떻게 평가하나.

서 중 석 '이승만은 어떤 미국인보다도 미국을 잘 이해하고 있었으며 미국의 입장에서 국제 정치를 봤고 자신의 정치 경륜을 펴나갔다', 이렇게 설명하는 학자들이 있다. 미국인보다도 더 미국의 입장에서 세계 정세를 봤다는 것이다. '자유 세계와 공산 세계라는 양대 진영론에서 이승만처럼 강하게 반공 노선을 제시한 사람이 없었고 그건 미국의 보수적 반공 세력과 너무나도 잘 맞아떨어지는 것이었다', 이런 논리와 같다고 볼 수 있다. 한마디로 미국의 보수주의적 정치인, 개신교도들을 그렇게 잘 대변할 수 없었다는 것이다.

이승만 대통령이 미국과 마찰을 빚은 것은 여러 가지가 있다. 미국의 입장에서 정치를 한다고 하더라도, 미국과 이승만은 이해관계가 다를 때가 많을 수밖에 없었다. 여기서 미국이 어디냐는 것도 문제지만, 미국 정부라고 하자.* 미국 정부와 이승만 대통령 사이에는 크게 의견을 달리할 수 있는 부분이 많았다.

예컨대 원조 문제를 봐도, 미국의 원조 의도 또는 미국이 주려는 원조 물자하고 이승만이 달라는 것하고 얼마든지 차이가 날 수 있었다. 이런 것에서 의견이 많이 대립할 수 있었다. 또 1950년대 한국 경제 정책엔 미국이 깊숙이 개입할 수가 있었다. 한미합동

---

* 미국의 주요 기관 혹은 정치 세력이 내외 정책을 두고 의견이 엇갈리는 일은 심심찮게 일어났다. 국가 이익을 실현한다는 큰 틀에서는 같다고 하더라도 어떤 것을 국가 이익의 최우선으로 삼을지, 어떤 방식으로 그것을 달성할지 등을 두고 의견을 달리한 것이다.

경제위원회 같은 것을 통해서도 그랬고 원조 물자를 통해서도 그랬다. 한국 경제를 강력하게 통제할 수 있었다. 그것에 대해 이승만 정부 입장이 다를 수 있지 않나. 그런 것 때문에도 마찰이 생길 수 있었다.

—— 군사 원조를 둘러싸고 힘겨루기를 하는 일도 있지 않았나.

무엇보다 군사 문제와 관련해 이승만 대통령이 훨씬 막강한 원조를 해줄 것을 계속 요구하면서 미국 정부와 씨름하는 걸 볼 수 있다. 그건 어느 정부든 다 마찬가지겠지만 이승만 대통령 때도 그런 일이 많았다. 그런데 예컨대 1949년 군사 원조를 해달라고 할 때 미국에서는 '북진 통일을 주장하는 등의 행태를 볼 때 뭔가 사달을 일으키려는 것이 아니냐' 해가지고 오히려 군사 원조를 많이 약화시킨 것으로 자료에 나온다. 그래서 전쟁이 정작 일어났을 때 문제가 심각해졌다고 강조하는 학자도 있다. 1950년대 이승만의 가장 중요한 정책 중 하나인 북진 통일 정책도 미국은 강력히 반대했다.

어쨌거나 그런 데서 마찰은 생기는 것이다. 가장 큰 마찰은 이승만 대통령이 권력을 지나치게 강화하려고 하는 것에 대해 미국은 '그렇게 하지 않았으면 좋겠다'고 한 데서 비롯됐다. 미국으로선 자기들과 가까운 여러 나라에 '한국이 저렇게까지 가선 안 된다'는 것을 보여줄 필요가 있지 않나. 그런 미국 입장을 좀 생각해달라는 것이었다. 그러다보니까 그런 문제를 둘러싸고 아주 심각한 마찰이 벌어진 것이다. 박정희 정권, 특히 유신 정권 때 미국과 심각한 마찰이 많았던 것과 마찬가지다. 특히 이승만 정권과 미국 간의 제일 심각한 마찰은 1952년 부산 정치 파동을 둘러싸고 일어난다. 유엔군 사령부 쪽에선 이승만을 지지했지만, 미국 대사관 쪽에선 이승만 정권의 위헌적·위법적 행태, 독재에 대해 상당히 비판적인 분위기가 있었다. 그러면서 아주 강한 마찰도 한때 있었다.

— 이승만과 미국의 갈등을 강조하는 쪽에서는 에버레디 계획 (1953년 정전협정 체결 직전 이승만이 단독 북진을 표명하자 미군 측에서 '이승만 축출 후 유엔군 군정 선포'를 검토한 계획) 같은 것을 중시하는 경향이 있다. 일각에서는 '이승만과 박정희는 미국에 당당한 대통령이었다'는 주장도 한다. 어떻게 보나.

에버레디 계획은 그런 마찰의 일환으로 생긴 것이다. 그런데 정말 미국이 에버레디 계획을 실행할, 그러니까 쿠데타를 일으켜서 이승만을 제거하는 것을 구체화할 의도까지 있었나? 그런 의도까지는 갖고 있지 않았다고 본다. 다만 미국은 이승만이 극단으로 갈 경우 그걸 견제해야 하지 않았나. 경우에 따라서는 다른 카드도 생각을 하고 있어야 하는 것 아닌가. 그런 준비용으로 볼 수 있는 면이 있었다.

에버레디 계획은 이승만이 당당한 대통령이어서 생긴 게 아니다. 이승만이 너무 권력에 집착하고 부산 정치 파동 등을 통해 민주주의를 만신창이로 만드는 것을 미국이 견제하려는 속에서 그런 대결, 갈등이 일어난 것이다. 이건 박정희 때도 마찬가지다. 제일 큰 갈등은 유신 체제 때 바로 그런 이유 때문에 생기지 않나? 그런 것을 가지고 '미국에 당당한 대통령이었다', 이렇게 얘기하는 건 너무 안 맞는 말이다.

반공 운동의 일환으로
반일 운동을 전개한 이승만 정권

─── 이승만 정권의 반일 민족주의가 미국의 동북아 안보 정책에
어긋났다는 점이 이승만 하야의 한 원인이라는 주장도 있다.
한국과 일본이 밀착하기 위해서는 이승만을 제거할 필요가 있
다는 미국의 인식이 4월혁명의 요인 중 하나라는 주장이다. 근
거가 충분한 주장인가.

그 당시부터 지금까지 국내에서 여러 사람이 그런 주장을 하
고 있다. 부분적으로 설득력이 없는 건 아니지만 이것도 역시 너무
과장된 것 아닌가 하는 생각이 든다.

난 이승만 대통령이 그 당시 굉장히 강렬했던 교육열에 부응
해, 어려운 때였는데도 교육에 투자한 건 잘했다고 생각한다. 특히
1952년 평화선*을 선포한 건 아주 잘했다고 생각한다. 그런데 이승
만 대통령이 반일 운동을 편 것에 대해서는 사람들이 잘못 알고 있
는 게 너무 많다. 이 시기 반일 운동은 이승만 대통령과 이승만 정
권의 권력의 성격, 특성을 아주 잘 보여주고 있다. 여기서 중요하게
생각해야 할 것이 있다.

─── 무엇인가.

---

* 이승만 대통령이 연안 수역을 보호하기 위해 선포한 해양 주권선. '이승만 라인'으로도
불렸다.

이승만 정권에서 친일파가 요직을 차지하지 않았나. 자유당 간부들 중에도 아주 많았다. 그래서 이승만 정권을 친일파 정권이라고 하는데, 어째서 이승만 대통령은 반일 정책을 쓴 것인가 하는 문제다. 이 부분이 많은 사람을 혼란에 빠뜨리고 있다. 이 부분을 논리적으로 그리고 명확한 자료를 가지고 설명해야 하는데, 대개 잘하지 못하고 있다.

내가 초등학교(당시에는 국민학교)에 다닐 때 제식 훈련을 받고 행진하는 일이 많았다. 그럴 때 "반공, 방일防日, 북진, 통일" 이런 걸 무지무지하게 많이 외치고 다녔다. 당시 학생이었던 사람은 초·중·고 때 다 그러고 다녔다. 담벼락에도 반공과 함께 방일, 그러니까 일본을 막자는 게 참 많이 붙어 있었다. 이런 반일 운동은 반공 운동과 함께 1950년대 말까지 계속된다. 그러면 이것이 순수한 반일 운동이냐. 다시 말해 한일 회담에서 일본이 잘못한 것에 대해 '일본이 이럴 수가 있느냐'라고 하면서 들고일어난 것이냐. 그렇게 해석하기가 어려운 점이 있다.

—— 어떤 점에서 그러한가.

예컨대 처음에 이승만 대통령은 일본과 회담을 열 때 일본에 상당히 유화적인 태도를 보였다. 과거는 잊자는 식으로. 그런데 일본은 1951년 예비 회담 때도 좀 그랬지만 특히 1952년 첫 번째 본회담 때부터 과거 우리에게 억압 통치를 한 것을 반성하는 기미를 조금도 안 보였다. 더군다나 1953년에는 지금까지 이어지는 망언의 첫 번째로 꼽히는 유명한 구보타 망언까지 나왔다.˚ 일본이 그 이전에 요구한 청구권(이것을 역逆청구권이라고 부른다) 철회 요청에 대해

"한국을 36년간 발전시켰기 때문에 일본 측도 보상을 요구할 권리가 있다"고 주장하고, "한말에 일본이 '진출'하지 않았으면 한국은 중국이나 러시아에 점령되어 더 비참한 상태에 놓였을 것"이라고 말했다. 그리고 "한국 민족이 식민지 노예 상태에 놓여 있다고 말한 카이로선언(1943년)은 연합국의 전쟁 중의 흥분 상태에서 나온 표현이다"라고 지적했다. 이렇게 구보타가 말한 건 정말 한국인들한테는 참을 수 없는 모욕이었다.

이렇게 일본 측에서 우리로서는 이해할 수 없는 태도를 여러 번 보였다. 그렇기 때문에 예컨대 그다음 해 3·1절 기념사 같은 데에서 강렬히 일본을 비난하는, 특히 일본 제국주의 지배와 한일 회담에 임하는 일본의 태도를 비난하는 것을 기대할 수 있지 않나. 3·1절이라는 건 그런 이야기를 하기 가장 좋은 날이기도 하고. 그런데 1954년 3·1절 기념사를 읽어보면 신기할 정도다. 일본을 비판하는 얘기는 몇 마디밖에 안 나온다. 그러고는 대부분 반공 얘기만 한다. 3·1절에 지나치게 반공 이야기를 할 게 또 뭐가 있나. 일본을 비판해야 할 때였고, 하는 것이 필요하지 않았나. 그런데 그렇지가 않더라. 이 양반이 1941년 이전에 정말 반일 감정이 있었는가를 가지고 논란이 끊이지 않는데, 이런 것들을 읽어보면 '정말 이분이 반일 감정이 있는 분인가', 이런 생각이 들더라.

한국에서 반공 운동과 함께 방일 운동이 거세게 일어나는 건 1954년 늦게부터다. 이때부터 일어나는 반일 운동은 반공 운동의 일환으로 전개된다. 이 점을 중시할 필요가 있다.

● 구보타 간이치로는 1953년 10월에 열린 제3차 한일 회담에서 일본 측 수석 대표였다.

"일본·영국과 일전불사",
이승만 정권이 공언한 이유

── 이 시기 일본 내부 상황은 어떠했나.

1954년 일본에서 요시다 시게루(재임 1946~1947, 1948~1954, 아소 다로 부총리 겸 재무상의 외할아버지)에 이어 하토야마 이치로(재임 1954~1956)가 정권을 잡게 된다. 얼마 전 집권했던 민주당 하토야마 유키오 총리(재임 2009~2010)의 할아버지다. 이 하토야마 이치로가 집권할 때 정경 분리를 들고나온다. 이건 좀 설명할 필요가 있다.

뭐냐 하면 일본은 전쟁에 의해 경제가 발전하고 국력이 강해지고 부국강병이 이뤄졌다고 많이들 말하지 않나. 청일전쟁을 거치며 제1차 산업혁명을 본격적으로 추진하고 방직 공업 같은 게 크게 발전하면서 국력이 커졌고, 러일전쟁과 제1차 세계대전을 통해 중공업과 군수 공업 같은 게 크게 발전하면서 세계 강국으로 등장했다고 말한다.

특히 제1차 세계대전은 불로 소득이라고 하지 않나. 싸움에 나서지도 않았으면서 독일 쪽에 선전 포고를 해서 독일 조차지이던 중국 청도(칭다오) 등지를 장악하고 중국에서 큰 이권을 차지하면서 득을 많이 봤다. 그러고는 중일전쟁, 제2차 세계대전을 일으킨 것은 일본을 폐허로 만들었다. 중일전쟁, 아시아·태평양전쟁 등 15년 전쟁이라는 긴 전쟁에서 결국 처참하게 패하지 않았나.

이런 일본이 폐허에서 다시 일어난 것은 한국전쟁 덕분이다. 한국전쟁을 통해 일본은 전전 경제 수준을 회복하고 경기가 되살아난다. 이른바 '한국 특수'라는 것이다. 이건 일본 사람도 누구나 인

1955년 5월 일본 용공 정책 반대 궐기 대회에 참가한 고등학생들.
이 당시 반일 운동은 반공 운동과 맞닿아 있었다.
사진 출처: e영상역사관

정하는 것이다. 일본이 세계 제2의 경제 대국이 된 데에는 한국 특수에 이어 '월남 특수'가 또 중요한 역할을 한다.

—— 한국전쟁 기간 동안 일본은 피 한 방울 흘리지 않으면서 엄청난 전시 특수를 누렸다. 한국을 침략했던 일본이 한국전쟁을 매개로 빠르게 부흥한 건 여러모로 씁쓸한 일이다. 어쨌건 그러한 일본에서 정경 분리를 이야기한 이유는 무엇인가.

한국은 일본이 한국전쟁을 통해 불끈불끈 일어서는 걸 보면서 마음이 안 좋을 수밖에 없었다. 한국은 전쟁 때문에 폐허가 되지 않았나. 일본에 대한 두려움도 생겼다. '일본이 저렇게 커지면 또 우리한테 오는 것 아니냐' 하는 두려움이 있었다. 그러면서 반발이랄까 착잡한 심정을 갖지 않을 수 없었다.

더군다나 미국이 이 당시 '1달러, 2달러 정책'을 썼다. 표현이 좀 이상하긴 한데, 무슨 얘기냐 하면 미국이 1달러를 한국에 원조하는 것이 2달러 효과를 보게 한다는 것이다. '한국 원조 물자는 일본 걸 반드시 사라. 그러면 일본에서도 1달러 효과를 보고 결국 양쪽에서 2달러 효과를 보는 것이다', 이런 것이다. 일본을 부흥시켜 강력한 경제 대국, 군사 대국으로 만들기 위한 미국의 적극적인 정책 중 하나로 나타난 거다. 이 무렵 자위대도 생기지 않나. 이승만 대통령도 이것에 대해선 아주 기분 나빠했다. 한국인 모두 기분 나쁠 수밖에 없었다. 일본이 저렇게 일어서는 것은 한국에 좋게 보일 수가

• 자위대의 모체는 1950년 한국전쟁 발발 직후 만들어진 경찰 예비대다. 경찰 예비대는 1952년 보안대를 거쳐 1954년 자위대로 확장된다.

없는 상황 아니었나.

문제는 일본이 이렇게 경제적으로 부흥하면서 물건을 팔아먹을 시장이 더 필요했다는 것이다. 그런데 중국, 소련 같은 아주 큰 시장이 옆에 있지 않나. 그러니까 하토야마 이치로 내각은 정경 분리를 내세우면서 '우리는 정치는 미국과 입장을 같이하지만 경제적으로는 중국과 급속히 관계를 발전시키고 소련과도 국교를 정상화하고 관계를 발전시키겠다', 이렇게 나왔다. 이것도 이승만 대통령을 대노하게 했지만, 다른 것도 있다. 하토야마 이치로 총리가 '북한과도 경제 관계를 맺을 수 있다'는 발언까지 나중에 한 것이다.

─── 반공과 반일이 맞닿는 상황이 된 셈이다. 이승만 정권은 이때
     어떤 반응을 보였나.

그러니 반공 투쟁의 일환으로, '일본 빨갱이'라고까지 한다는 것은 뭣할지 몰라도 이승만 정권 기준대로 하면 이 사람들을 용공 세력으로 볼 수도 있었다. 이걸 용납할 수 없다는 입장에서 강렬한 반일 운동을 전개했다. 그러면서 '일본과 일전을 불사하겠다'는 주장도 정부 발표로 여러 차례 하는 걸 볼 수 있다.

심지어 영국에 대해서도 "일전을 불사"한다는 이야기가 나왔다. 영국이 중국과 경제 관계를 트면서 '영국이 북한에 대한 수출 금지령을 풀었다'는 말이 나오자, 1957년 조정환 외무부 장관은 국회에서 "일전을 불사하더라도 영국의 대북한 수송을 막겠다", 이렇게 말했다. 영국 상선이 북한을 향해 항행하면 한국 해군이 모든 수단을 동원해 저지하겠다는 이야기였다. 영국이 얼마나 어안이 벙벙

했겠나. 그런 능력이 정말 있느냐 이전에, 영국은 미국 다음의 '자유 진영 국가' 아닌가. 국회에서 크게 비난, 비판을 받고 그랬다.

1955년 8월에는 대일 교역 및 여행 금지 조치를 내렸다. 일본은 손해를 거의 안 보는 정책이었다. 일본은 이미 경제 대국이었고, 당시 한국은 경제적으로 일본에 의존할 수밖에 없었다. 교역을 막으면 우리만 타격을 입게 돼 있었다. 그리고 일본 여행자는 거의 없던 때였다. 그래서 야당뿐만 아니라 언론에서도 '이건 전혀 효과가 없고 우리만 손해 보는 것'이라고 비판하고 철회를 요구했는데, 하여튼 반일 운동의 일환으로 이승만 정권이 그렇게 했다.

반일 운동의 엄청난 정치적 효과에 주목한 이승만

── 일전불사라는 위험하고도 무거운 이야기가 너무 가볍게 나온 것 아닌가?

그렇다. 어쨌건 이시바시 단잔(재임 1956~1957)이 하토야마 이치로를 이어 내각을 구성했는데, 거기까지는 정경 분리 정책을 썼기 때문에 이승만 정권이 반공 정책의 일환으로 반일 운동을 펼 수 있었다고 볼 수 있다. 그런데 그다음에, 그러니까 1957년에 기시 노부스케(재임 1957~1960) 정권이 들어선다.

기시 노부스케가 어떤 사람인가. 요즘엔 아베 신조 일본 수상의 외조부로 입에 오르내리지만, A급 전범이지 않나. 그래서 3년 동안 형무소에 있었다. 그런데 미국 정책이 1948년 무렵 바뀐다.* 그러면서 1948년 11월 12일 A급 전범에 대한 판결이 나는데 도조 히데키 등 7명에게는 교수형, 16명에게는 종신 금고형, 나머지 2명에게는 각각 20년 금고형과 7년 금고형이 선고된다. 교수형은 그해 12월 23일 집행되는데, 사형 집행 바로 다음 날(12월 24일) 기시 노부스케를 비롯한 나머지 A급 전범 용의자들이 석방된다. 그래서 기시 노부스케는 운 좋게 살아남은 사람이라고 얘기한다. 이 사람은 1952년 4월까지는 일제 때 경력 때문에 정치 활동이 금지됐다. 그러나 그 이후 정치 활동에 나서면서 1957년에 수상이 되고 그다음에도 또 수상을 한다. 두 차례에 걸쳐 수상을 했다. 이 사람 동생(사토 에이사쿠)은 한일 회담을 타결할 때 일본 수상이었다. 사토 에이사쿠는 일본에서 가장 오랫동안 집권한 수상(재임 1964~1972)이다.

기시 노부스케는 박정희 정권 18년 동안, 쿠데타를 했을 때부터 마지막까지 끊임없이 지원하고 지켜준 사람으로도 유명하다. 1978년 12월 박정희가 유신 대통령으로 다시 취임할 때 전 세계 어떤 나라도, 미국은 물론이고 심지어 대만에서조차, 한국 정부가 요청했는데도 축하 사절을 보내지 않았다. 일본에서도 공식 사절은 안 왔다. 그렇지만 기시 노부스케가 이끄는 민간 사절만은 왔다. 그렇게 기시 노부스케는 유신 정권을 지켜주는 데도 역할을 한 사람이다. 이런 기시 노부스케가 아베 신조 수상의 외할아버지여서 '아베가 저런 극단적인 우경화 정책을 펴는 건 외할아버지의 소원을 들어주는 것이다. 외할아버지가 펴려던 정책을 지금 와서 구체화해

미국은 일본 점령 초기 비군사화, 민주화에 정책의 초점을 맞췄다. 그러나 냉전이 본격적으로 전개되고 중국 공산화 가능성이 높아지자, 일본을 아시아 반공의 보루로 부흥시키는 방향으로 정책을 바꿨다. 이러한 역코스逆, course는 일본 개혁 움직임의 퇴행으로 이어졌다.

1959년 이승만 대통령과 한일 회담 대표단(앉아 있는 사람이 이승만, 바로 그 뒤에 서 있는 사람이 수석 대표 허정이다). 이승만 대통령은 훈령 같은 것을 통해 한일 회담 한국 측 대표에게 '일본과 관계를 개선하려고 적극적으로 노력하지 말라'고 지시했다. 사진 출처: e영상역사관

일본을 강력한 전쟁 국가로 발돋움하게 하려는 정책이다', 이렇게 얘기하는 사람이 많다.

— 구보타 망언을 계기로 중단됐던 한일 회담이 기시 노부스케 집권 후 재개된다. 이 시기에 재개된 이유는 무엇인가.

1957년 수상이 됐을 때 기시 노부스케는 강력히 친미를 주장했다. 경력 때문에도 그랬을 것이다. 그러면서 이승만 정권에 대해서도 적극적으로 유화 정책을 쓰고, 한일 관계를 개선하겠다고 나왔다. 또 이 사람의 출신 지역도 어민이 많은, 우리로 따지면 동해안 지역이지만 일본으로 치면 서해안 지역이다.●● 그래서 이승만

●● 기시 노부스케의 출신 지역은 혼슈의 서쪽 끝인 야마구치 현이다. 메이지 유신의 중심 세력이던 조슈 번이 있던 곳이다.

정부와 좋은 관계를 맺어서 이승만 정권이 일본 어선을 나포하는 걸 막을 필요가 있었다. 그런 것 때문에도 기시 노부스케 정권은 미국에 가기 전에 아주 적극적으로 제스처를 취하는 걸 볼 수 있다.

그랬을 때 이 대통령은 훈령 같은 것을 통해서도 그렇지만 개인적으로도 한일 회담 한국 측 대표에게 '일본과 관계를 개선하려고 적극적으로 노력하지 말라', 그렇게 나왔다. 그러면서 강하게 반일 운동을 편다.

왜 이 시기에 이 대통령이 이렇게 강하게 반일 운동을 폈느냐. 이건 이 대통령의 노회함, 권력에 대한 예민함, 이걸 이해하지 않으면 알 수 없다. 반공 운동보다 어떤 면에서는 반일 운동이 국민한테 지지를 받는 데 더 효과적이라는 걸 알아챈 거다. 하토야마 이치로 내각이 정경 분리 정책을 펴면서, 그전에는 그다지 크지 않았던 반공·방일 운동이 막 커졌는데 그때 국민들이 적극 호응했다. 일본의 압제로부터 벗어난 지 몇 년 안 되던 때였기 때문에 당시 일본에 대한 반감은 굉장히 강했다. 이 대통령은 이 점을 중시한 거다.

반일 정책 때문에 쫓겨난 이승만?
그런 건 없었다

—— 일본을 맹비난한 데 다른 속셈이 있었다고 볼 수밖에 없는 것 아닌가.

이승만 정권 말기까지 반공 운동과 함께 반일 운동을 편다. 그런데 일본 릿쿄대 이종원 교수가 잘 분석했듯이, 미국으로 봐선 이런 이승만 정권의 반일 정책은 자신들의 동아시아 통합 정책과 마찰을 빚을 수밖에 없었다. 그러나 이종원 교수가 논문에서 언급한 것처럼 미국이 이걸 이해한 측면도 많이 있다.

이승만 대통령의 강력한 반공 정책만이 지금 미국의 이해에 부합한다는 것이었다. 미국은 한마디로 '한·미·일 수직 안보 체제가 꼭 필요하다. 미국=중심, 일본=부심, 한국=최전선으로 이어지는 안보 체제를 가져야 하고, 그러려면 한국과 일본이 국교를 정상화하고 좋은 관계를 맺는 게 필요하다. 그래서 그것을 한국 정부에 권유한다' 하는 측면이 있었다. 그렇지만 그걸 압도한 건 역시 이승만 대통령의 반공 정책이었다. 물불 안 가리는 강력한 반공 정책이야말로 미국에 가장 믿음직했던 것이다. 그래서 1960년 3·15 부정 선거가 있었는데도 미국이 4·19 시위 이전에는 이승만 대통령을 지지하고 3·15 부정 선거에 대해서도 애매하게 반응한 것이다.

그러니까 '일본 문제, 이승만 정권의 대일 정책 때문에 미국이 이승만 대통령을 권좌에서 축출하려 했다', 이런 건 전혀 있지 않았다. 미국은 이승만 대통령의 반일 정책을 별로 좋아하지도 않았고 그걸 수정할 것을 권고도 하고 견제도 했지만, 그것 때문에 내쫓으려고 하지는 않았다는 말이다.

── 한일 국교 정상화를 촉구하는 미국의 움직임은 이승만 하야 후에도 계속되지 않나.

이 대통령이 물러나자 바로 허정 과도 정부는 다섯 가지 중요한 정책의 하나로 한일 관계 정상화를 들고나왔다. 장면 내각도 강력하게 '일본과 새로운 관계를 정립하겠다', 이런 걸 내세운다. 박정희 정부도 이걸 이어받는다. 그러면서 박정희 정권은 한일 회담을 굴욕적인 저자세로 한다는 비난을 받게 되는 것이다. 허정 과도 정부, 장면 정권, 박정희 정권의 그런 정책이 미국의 눈치를 봐서 나왔다고도 볼 수 있지만, 경제 때문에도 일본과 관계를 맺을 필요가 많이 있었다.

　미국이 한국에 일본과 국교 정상화를 해야 한다고 강력하게 촉구하는 건 1962~1963년에도 있었지만 1964년경에 한층 더 강해졌다고 봐야 한다. 왜냐하면 1964년에 프랑스의 드골이 중국을 승인했을 뿐만 아니라 중국이 핵 실험을 했다. 그리고 월남전(베트남전쟁)이 그 무렵부터 격화된다. 중국을 견제하기 위해서도, 월남전 수행에서 동아시아가 차지하는 중요한 위치를 봐서도 미국이 이제는 한일 관계를 남의 집 불구경하듯 볼 수가 없었다. 이 불을 빨리 끄고 국교를 정상화하게 해야 한다고 판단한 것이다. 그러면서 1964년 초부터 미국이 아주 강력하게 한일 관계 정상화를 촉구하는 것을 볼 수 있다.

학생의 피에 보답한 교수들,
썩어빠진 어제와 결별한 시인

4월혁명, 열한 번째 마당

김 덕 련 4월혁명에서 교수단 시위(1960년 4월 25일)는 이승만 하야 국면으로 넘어가는 분수령으로 꼽힌다. 이 시위마저 없었으면 지식인들은 정말 할 말이 없었을 것 같다는 생각이 든다. 아울러 그 의의를 깎아내릴 의도는 없지만, 제자들을 비롯한 숱한 시민이 거리에서 죽어간 것을 떠올리면 교수들의 움직임이 조금 굼뜬 것 아니었나 하는 생각도 든다.

서 중 석 교수 시위를 이야기하기 전에 먼저 물어봐야 할 게 있다. 앞에서도 이야기했지만, 어째서 대학생들이 4월 18일 전에는 시위에 거의 안 나섰느냐 하는 것이다. 그 점이 우선 중요하다. 4월혁명은 학생 혁명이라고도 하지만 4월 17일까지는 고등학생 중심이었다. 서울에서 최초로 대학생 시위가 전개되는 4월 18일, 그리고 19일에도 중·고등학생이 매우 많이 나온다. 대학생들이 안 나오니까 "언니는 나빠요", 이런 플래카드를 들고 시위를 했다고도 한다. 왜 대학생 언니, 오빠, 형들은 시위를 안 하느냐는 것이었다.

　　이때 대학생이 나오지 않은 건 학기가 4월에 시작했기 때문이라는 주장도 있다. 그러한 점도 있을 것이다. 그러나 그 당시 《사상계》를 보면 '대학생은 무기력하고 악정에 체념한 모습을 보이고 있다', 이런 지적도 나오고 그런다. 그때는 대학생이 대단히 귀한 존재였다. 또 대학생 가운데엔 부모가 자식을 군대에 안 보내기 위해 소를 팔아 대학에 보낸 경우도 있었다.

1950년대에는 병역 기피 풍조가 만연했다. 1950년대 중반 서울 지역 대학생의 입대율은 10퍼센트 정도였다고 한다. 군대에 보내지 않기 위해 유학을 보내는 부유층도 적지 않았다.

대학생 가운데엔 이렇게 해서 대학에 온 사람도 있었다. 1950
년대 그 피폐한 사회에서 부모가 굉장히 힘들어하면서 대학까지 보
낸 것이기 때문에 그런 부모의 기대를 무시할 수 없는 측면도 있었
다. 말하자면 출세해야 한다는 생각을 안 할 수 없었다. 또 당시 '명
문 여대엔 결혼 때문에 간다'는 얘기도 있었다.

이렇게 여러 얘기가 있지만, 많은 대학생이 3·15 부정 선거에
분노하고 있었고 4월 18일, 더더군다나 19일 시위는 대학생이 주도
했다고 우리가 알고 있지 않나. 대학생들이 막 나오면서 국면을 결
정적으로 바꿔놓은 것 아닌가. 그만큼 대학생들이 큰 역할을 한 것
이다.

다만 4월 25일, 26일 시위에 대학생들이 조직적으로, 집단적으
로 나왔다고 볼 만한 게 많지 않다. 그때도 더 많은 대학생이 4·19
날처럼 조직적으로, 집단적으로 나왔으면 하는 아쉬움은 있다. 그
러나 대학생이 중요한 역할을 했다는 건 거듭 강조해도 지나치지
않다.

낯 뜨거운 '만송족',
"학생의 피에 보답"한 지식인

— 1950년대에 지식인들은 무기력하고 비겁했다는 지적이 많지
  않나.

그런 비판을 아주 많이 받았다. '도대체가, 1950년대 이승만 정
권을 봐라. 비리, 부정부패, 선거 부정, 악정, 폭정, 모든 게 다 있지

않나. 그렇게 문제가 심각했는데 그런 정권에 대해 지식인이, 대학 교수가 얼마만큼 발언했느냐. 통탄하지 않을 수 없다.' 4·19 이후에 주로 나온 얘기다. 대학생 좌담회건 지식인 좌담회건, 좌담회 같은 걸 보면 1950년대에 지식인들이 너무나 무력한 존재였다고 얘기하는 게 나온다.

사실 당시 문화인들 중에서 문단을 좌지우지했다고 얘기되는 사람들 중 일부는 '만송족'이라고도 불렸다. 만송은 이기붕의 호다. 김동리, 박종화, 모윤숙, 김말봉 같은 사람들이 '이승만과 이기붕이 당선돼야 한다', 이렇게 신문 같은 데다 글을 쓰고 이 사람들의 당선을 위해 적극 나섰다. 도대체가 이럴 수가 있느냐 해서 사람들이 '만송족'이라고까지 부르고 그랬다. 나중에 유신 체제, 전두환 신군부 체제 때 보니까 이 사람들 다수가 또 나서더라. 한국 문단에서 영향력이 있다는 사람들이 이래서 영향력이 있는 것 아닌가 하는 생각이 안 들 수가 없었다.

그리고 자유당 정부통령 선거대책위원회 지도위원이란 게 있었는데, 고려대 총장 유진오를 빼고 주요 대학 총장이 이 지도위원으로 거의 망라돼 있었다. 고려대는 김성수와 관련된 학교이니 민주당 쪽을 지지하지 않을 수 없었다고 얘기할 수 있다. 맥이 그쪽으로 이어지지 않나. 어쨌든 유진오는 빠져 있다. 그렇지만 서울대를 포함해, 김활란을 비롯한 주요 대학 총장들이 다 자유당 정부통령 선거대책위원회에 들어가 있었다. 문인이나 지식인도 여기에 들어가 있었다.

— 언제 봐도 낯 뜨거운, 한국 지식인 주류의 민낯이다. 그런 이들 가운데 4월혁명 기간에 눈에 띄는 행동을 한 대표적인 사례로

4월 25일 교수들이 시위에 나서기 위해 현수막에 "학생의 피에 보답하라"라고 쓰고 있다. 이 시위는 이승만 정권에 결정타를 먹였다는 점에서 의미가 크다. 사진 출처: 4·19혁명기념도서관

어떤 것이 있나.

심지어 이름 있는 모 여대 총장은 '우리가 학생 지도를 잘못해서 이런 사태가 일어났으니 이승만 대통령에게 사과해야 한다'고까지 얘기했다고 한다. 이 명문 여대는 4·19 시위에 참가하지 않았다. 이승만 하야 후 한 학부모가 '우리 딸이 다니는 대학에서 이럴 수가 있느냐'는 항의 편지를 신문사에 보내고 그랬다.

하여튼 '지식인들이 너무 썩은 것 아니냐', 그런 이야기를 많이 들었다. 우리나라는 세대 갈등이 아주 심한 나라라고 하는데, 일제 때건 해방 후건 세대 갈등이 그렇게 심하게 일어난 데엔 나이 먹을수록 너무 빨리, 너무 심하게 보수화되는 측면 때문에 그런 면이 나타난다.

― 그러한 권력 지향적 지식인들과 달리 4월 25일 일부 교수들이
떨쳐나섰다. 이 교수들은 어떻게 모여 시위까지 하게 된 것
인가.

　　이상은(고려대), 정석해(연세대), 이희승(서울대) 이런 교수들을 통
해서도 알 수 있듯이 이 시기에도 훌륭한 분이 많이 있었다. 4·19
다음 날인 4월 20일 고려대 이상은 대학원장과 이종우 교수 등이
'교수들이 무언가 해야 하지 않느냐'는 데 의견을 같이했다. 다음
날 역시 고려대의 정재각 교수가 동참했고, 22일에는 연세대 정석
해 문과대 학장, 조의설 교수 등과 고려대 김경탁 교수, 서울대 최
재희 교수 등도 동감을 표했다. 22일 오후 1시에 이상은, 정석해, 이
종우, 조의설, 최재희 교수가 모였다. 그런데 4월 23일 오전 10시에
서울대 문리대에서 교수 회의를 열고 당면 문제를 장시간 논의한
끝에 "1. 학생 데모는 애국적이며 일절 불문에 부친다. 1. 구속된 학
생 전원을 석방하라. 1. 학원에 대한 정치 간섭을 배제하고 학원 내
경찰 출입을 금하라" 등의 결의문을 채택하기에 이르렀다. 드디어
교수들이 집단적으로 발언한 것이다. 이날 각 대학 총장 회의에서
도 데모에 가담한 혐의로 구속된 학생을 관대히 처벌하고, 계엄을
해제하고 하루빨리 개학하도록 관계 요로에 건의할 것 등을 결의
했다. 이날 이상은 교수는 총장 회의 결과가 뜨뜻미지근한 것에 불
만을 품고 정석해, 이종우 교수를 만나 대규모 교수 연합 대회를 열
자는 데 의견을 모았다. 다음 날인 24일 오후 1시경 이종우 교수 집
에 이상은, 김경탁, 정재각, 김성식(고려대), 최재희, 조윤제(성균관대)
교수가 모였고 이정규(청주대 학장) 교수 집에서도 이항녕(고려대) 교
수 등이 모였다. 이들을 대표해 이항녕 교수가 이종우 교수 집에 가

서 논의한 끝에 25일 오후 3시 서울대 교수 회관에서 교수 대회를 열기로 합의했다. 4월 25일 오후 3시, 서울대 교수 회관인 함춘원에 300여 명의 교수가 모였는데, 이 중 교수 258명으로부터 참석자 서명을 받았다. 서울대 교수들이 월급 받는 날이어서 이날로 정했다는 이야기가 있다.

이 교수 회의는 아주 중요한 두 가지 역할을 한다. 하나는 거기서 시국 선언문을 채택했다는 것이다. 시국 선언문은 24일 이상은 교수가 초안을 잡고, 교수 회의에서 이희승 등 9명의 교수들로 하여금 수정하게 했다. 주로 문구를 많이 수정했을 뿐 핵심 주장은 이상은 교수의 초안에서 벗어나지 않았다. 교수들은 시국 선언문에서 학생 데모를 "주권을 빼앗긴 국민의 울분을 대신하여 궐기한 학생들의 순진한 정의감의 발로이며 부정과 불의에 항거하는 민족정기의 표현"으로 규정했다. 대단히 큰 의미를 갖는 지적이었다. 이어서 "누적된 부패와 부정과 횡포로서의 민족적 대참극, 대치욕을 초래케 한 대통령을 위시하여 국회의원 및 대법관 등은 그 책임을 지고 물러나지 않으면 국민과 학생들의 분노는 가라앉지 않을 것이다"라고 명시했다. 역시 정곡을 찌르는 대단한 발언이었다. 그다음은 이날 교수 회의 의장을 맡은 정석해 교수가 추가한 것인데, 정부통령 선거 재실시를 요구했다. 부정 선거 원흉과 학생 살상 만행 명령자 처단도 요구했다. 대통령 사임을 촉구하는 주장이 교수 회의에서 결의됐다는 것은 굉장히 의미가 크다. 이렇게 시국 선언문에는 대단히 중요한 내용이 들어가 있었다. 최고 지성들의 용기 있는 발언이었다. 교수들은 대단히 용기 있는 모습을 또 하나 보여줬다. 시국 선언문 발표에서 멈추지 않고 시위를 했는데, 이것도 아주 중요하다.

─── 이 시위를 거치면서 '이승만 물러가라'는 구호가 전면에 등장한다. 이 시위는 교수들의 모임 전에 이미 계획됐던 것인가.

시위를 처음부터 계획한 건 아니라고 한다. 그런데 회의를 하면서 일각에서 '우리가 가만히 있을 수 없지 않느냐'고 하면서 시위가 결정됐다. 그래 가지고 "각 대학 교수단"이라는 큰 글씨를 써붙인 현수막을 앞세우고 시위를 하는데, 그 밑에 성균관대 사학과 임창순 교수가 "학생의 피에 보답하라"는 아주 유명한 문구를 작은 글씨로 써 놓았다. 아주 큰 의미가 있는 문구였다. 임창순 선생은 5·16쿠데타 나고 학교에서 쫓겨난다.

그러면서 시위를 했는데, 시위 타이밍이 그렇게 좋을 줄은 아마 대부분의 교수들이 몰랐을 것이다. 4·19가 났는데, 그래서 이 정권이 물러나야 하는데, 이승만은 물러날 생각을 안 하니, 뭔가 다시 큰 시위가 전개돼야 할 시점에 바로 이 시위가 일어난 것이다. 그러한 시위가 일어나기를 많은 사람이 고대했다고 볼 수 있다. 역사를 보면 자연스럽게 그러한 분위기가 만들어질 때가 있지 않나. 이 시위가 이승만 정권을 무너뜨린 마지막 결정타로 이어지도록 했다고 볼 수 있다. 시위를 한 교수는 300명이 채 안 됐으니 숫자가 많은 건 아니다. 그러나 이 시위가 끼친 영향은 대단히 컸다. 그 구체적인 양상은 지난번에 이야기한 대로다.

교수들의 시국 선언문과 시위가 너무 늦게 나온 것 아니냐는 얘기를 들을 수도 있다. 그렇지만 이상은, 정석해 선생을 비롯해 이 시위에서 주도적 역할을 한 여러 선생들은 그전에도 이승만 정권에 비판적이었고 시위를 조직하는 데 큰 역할을 했다는 점에서 높이 평가해야 한다. 이 시위에 참석한 교수들은 한국의 모든 지식인,

교수가 얼굴에 먹칠할 뻔한 상황에서 그분들을 구해줬다. 그러면서 지식인이 대단히 중요한 역할을 하게 됐고 이승만 정권에 결정타를 먹였다는 점에서 의미가 크다. 그 이후에도 지식인들의 궐기라고 할까, 그런 걸 촉구할 때 '4·25 교수 시위를 본받자', 이런 얘기를 빠지지 않고 하지 않나.

민중의 힘에 눈뜬 시인
"썩어빠진 어제와 결별하자"

— 4월혁명은 한국의 민주화 대장정에서 중요한 역할을 했다. 세계사 차원에서도 의미가 크다. 제2차 대전 후 세계에서 4월혁명 같은 사례는 그리 많지 않다. 한국과 비슷한 처지에 놓여 있던 다른 친미 반공 국가들과 비교해도 그렇다. 그럼에도 4월혁명의 역사적 의의를 사회 전반적으로 충분히 공유하지는 못하고 있는 것 같다.

4월혁명이 우리 역사에서 어떤 의의가 있는가. 이건 지금까지 충분히 논의되지 않았다. 그렇게 된 데엔 무엇보다 심지어 3·15 부정 선거조차 연구가 거의 안 됐고 3~4월 시위, 4월혁명에 대해서도 연구가 아주 적기 때문이다. 그리고 4월혁명 이후 한국 사회 변화에 대해서도 별로 주목하지 않았기 때문에 이 부분에 관해 제대로 관심을 갖지 못하고 민주주의, 이승만 정권 붕괴, 통일 운동 같은 몇 가지를 갖고 의의를 얘기하고 그랬다.

4월혁명, 1980년 광주항쟁, 1987년 6월항쟁과 같은 민주화 운동은 현대사에서 다 특별한 의미를 갖고 있다. 1979년 10·26은 조금 성격이 다르긴 하지만 유신 체제를 무너뜨렸다는 데에서 의미가 대단히 큰데, 부마항쟁이 바로 그 10·26을 부른 것 아닌가.

민주화 운동은 그 자체로 특별하기도 하지만 그걸 통해 엄청난 역사적 추진력을 만들어냈다. 그런 역사적 추진력이 생기게 했다는 점에서 민주화 운동이라는 것이 우리 사회가 이렇게 변모하는 데 정말 중요한 역할을 한 것이다. 민주화 운동은 한국 사회를 크게 변화시키고 새로운 힘, 역동성을 부여했다. 그 첫 번째가 4월혁명이다. 그렇기 때문에 4월혁명을 잘 이해하는 것이 다른 부분을 잘 이해하는 데도 시사하는 바가 있다. 4월혁명은 무엇보다도 제2의 해방이란 말에 값하게 억압으로부터 자유를 다시 갖게 했다고 얘기할 수 있다.

—— 4월혁명 이전, 한국 사회는 어떠했나.

1950년대는 무기력, 체념, 암울, 불안, 절망, 이런 키워드로 상징된다. 그 시대가 어떤 시대였는가를 이런 말로 나타낼 수 있다. 그야말로 미래도 희망도 보이지 않는 시대였다. 서울대 문리대 4·19 선언문에 담긴 것처럼 캄캄한 밤이었다. 나라를 빼앗기고 무단 통치를 받은 1910년대를 여러모로 떠올릴 수 있는 억압의 사회였다. 무엇보다도 1950년대는 보도연맹 집단 학살 사건, 거창 양민 학살 사건 등 대규모 민간인 학살이 초래한 공포 사회였다. 말을 못 하는, 입을 닫고 묵종해야 하는 사회 위에 건설된 반공 독재로 자유가 크게 억압받았고 인간의 사고, 사상이 심하게 위축됐다. 그 당시 반공 영화에 단적으로 나타나는 것처럼 저질 획일화, 도식화된 면이 컸다.

무슨 발언을 하려고 해도 주위를 두리번거리면서 살펴봐야 했다. 이건 1970년대 유신 시대도 마찬가지이고 1980년대 신군부 시대에도 이와 비슷한 상황이 있었는데, 글 한 줄 쓰는 것도 어려운 때였다. 어떤 분 표현에 의하면 골방에 갇혀 좌고우면하는 불안한 시대였다.

그래서 4월혁명으로 정말 꿈에도 그리던, 그렇게 갈구하던 자유가 찾아오자 그것을 특히 문화인, 지식인, 학생들이 앞질러 만끽한다고 할까, 누리는 걸 볼 수 있다. 4·19 때는 특히 시인들이 자유에 대한 갈구를 제일 먼저 느끼는 것 같았다.

── 대표적으로 어떤 시인들이 그러했나.

청록파 시인 박두진 같은 사람은 3·15 부정 선거로 마산의거가 있자 마산의거를 강렬하게 지지하면서 이승만 정권을 혹독히 비판하는 글을 발표했다. 4·19가 나기 전인데도 그야말로 대단히 용기 있게 발언했다. 그리고 4·19가 나자 4·19에 관한 시를 여러 편 썼다.

김수영은 4월 19일 시위대를 정신없이 따라나섰다고 한다. 제정신이 아닐 정도로, 감격이라고 할까 떨림이라고 할까, 그런 상태에서 열정적으로 4·19에 참여했다고 그런다. 무작정 뒤쫓아 다니면서, 잡초처럼 버림받고 짓밟혔던 민중이 불끈 일어서는 장한 모습을 보게 됐다. 그러면서 다음 날 아침에 시를 썼고, 이승만이 하야를 발표한 4월 26일 오전에도 흥분과 환희로 온몸이 떨려 어쩔 줄 모르면서 〈우선 그놈의 사진을 떼어서 밑씻개로 하자〉는 제목으로 알려진 시를 썼다. "우선 그놈의 사진을 떼어서 밑씻개로 하자/ 그 지긋지긋한 놈의 사진을 떼어서/ 조용히 개굴창에 넣고/ 썩어진 어제와 결별하자/ 그놈의 동상이 선 곳에는/ 민주주의의 첫 기둥을 세우고/ 쓰러진 성스러운 학생들의 웅장한/ 기념탑을 세우자/ 아아 어서어서 썩어빠진 어제와 결별하자", 이런 시다.

6월 15일에는, 나중에 젊은 사람들에게 널리 애송되는 〈푸른 하늘을〉을 썼다. "푸른 하늘을 제압하는/ 노고지리가 자유로웠다고/ 부러워하던/ 어느 시인의 말은 수정되어야 한다"로 시작하는 시다. 박두진이나 김수영 말고도 4월혁명에 대한 시인들의 시는 조지훈의 작품을 비롯해 참 많다. 지식인들도 이제는 자유를 찾은 것에 대해 많은 글을 쓰는 걸 볼 수 있다.

4월혁명이 불러일으킨 새로운 바람

— 50여 년의 시간을 뛰어넘어 시인의 떨림을 고스란히 느낄 수 있는 시다. 4월혁명이 그렇게 민주주의의 기틀을 마련한 것은 박정희 정권에 어떤 영향을 끼쳤나.

박정희 군사 쿠데타 정권조차 4월혁명이 마련한 민주주의의 큰 틀, 이걸 무시할 수가 없었다. 5·16쿠데타를 일으키고 나서 석 달이 지난 1961년 8월, 정권을 민간 정부에 넘기겠다는 민정 이양이라는 것을 발표하게 된다. 그 발표에는 미국의 압력이 직접적으로 작용했다고 하지만 그와 함께 4월혁명의 큰 힘 때문에 그것을 배신할 수 없는 면이 아주 크게 작용했다고 봐야 한다. 나중에 군정에서

4·19 이후 구속된 정치 깡패들이 재판장으로 들어가는 모습. 한 국회의원이 국회에서 이야기한 것처럼 이승만 정권 때는 탈법, 무법이 지배하고 깡패의 권력, 주먹이 법보다 가까운 사회였다. 법치주의가 자리 잡게 하는 데 4월혁명이 중요한 역할을 했다. 사진 출처: e영상역사관

민정으로 이양하는 과정을 보면, 민정에 참여하지 않겠다고 공표한 1963년 2·18 선언을 스스로 뒤집어엎고 군정 4년 연장 문제를 국민 투표에 부치겠다고 박정희가 발표한 3·16 성명 같은 것들이 또 나온다. 이렇게 군정을 장기적으로 펴려고 했지만 못 하게 되는 큰 이유 역시 미국의 압력 못지않게 4월혁명이 또 일어날지도 모른다는 무언의 압력이 작용한 것이다.

　박정희는 1972년 10월에 가서야, 자신이 생각하던 강권 독재 통치를 구축하기 위해 이른바 유신 체제를 위한 친위 쿠데타를 일으킨다. 그러니 '4월혁명 이념을 완전히 말살하는 데 무려 10년이 넘는 세월이 걸린 것이다', 이렇게 얘기할 만큼 4월혁명이 마련한 민주주의의 큰 틀이 우리 사회에 군건한 힘으로 자리 잡고 있었다.

— 4월혁명 후 사회 곳곳에서 새로운 바람이 분다. 대표적으로 어떤 것들을 꼽을 수 있나.

4월혁명은 민족 자주에 대한 관심을 강하게 갖게 했다. 그러면서 통일 운동이 강력히 전개되는 걸 볼 수 있다. 교원 노조 운동과 같은 노동 운동도 활발하게 일어난다. 이런 것에 못지않게 중요한 것으로 법치주의가 자리 잡기 시작하는 걸 볼 수 있다. 한 국회의원이 국회에서 이야기한 것처럼 이승만 정권 때는 '탈법, 무법이 지배하는 사회다. 깡패의 권력, 주먹이 법보다 가깝다', 그런 이야기를 많이 들었다. 그런데 허정 과도 정부 수반도, 장면 총리도 모두 법에 의해 지배를 받아야 한다는 법치주의 관념이 강한 분들이었다. 법치주의가 자리 잡게 하는 데 4월혁명이 중요한 역할을 한다.

규모가 큰 공무원 공채를 실시하고 공무원 임용령 등을 공포해 공무원 사회에 신선한 바람이 일게 한 것도 중요시해야 한다. 장면 정부에서 이런 변화가 나타난다. 나중에(1979년) 경제 부총리가 되는 이한빈은 성취형 관리가 장면 정부 때 나타난다고 이야기했다. 친일파가 나눠먹는 식으로 운용됐고 꽉 갇혀 있던 관료 사회가 4월혁명 후 많이 바뀌기 시작한다. 물론 이건 시간을 필요로 하는 것이었다. 공무원 공채나 직업 공무원 제도 같은 건 박정희 정부가 그대로 이어받는다. 1960년대 중후반을 넘으면 공무원 사회는 '빽'으로 들어가는 데가 아니고 공채로 들어가 능력을 평가받는 곳이 된다.

'생활이 나아져야 하고 우리 경제가 자립해야 한다', 이런 것도 4월혁명이 열어놓은 분위기 속에서 그야말로 열화와 같다고 할까, 굉장히 강렬했다. 그렇지만 제2공화국 시기에는 경제 발전 여건이 아주 나빴다. 1960년 3월부터 6월까지는 데모 시대라고 얘기할 만큼 시위가 끊이지 않았다. 정권이 연거푸 바뀌고 3·15선거, 7·29선거에 더해 1960년 12월에는 네 차례에 걸친 전면적인 지방 자치 선거가 있었다. 그뿐 아니라 부정 축재자 처리 문제로 경제계가 크게 흔들렸고 미국의 원조도 줄었다. 그런 속에서도 장면 정부는 경제 자립, 경제 건설에 매진했다. 1960년 8월 23일 장면 총리 취임 때 경제 제일주의를 모든 것에 우선해 첫 번째로 내세웠다. 1961년에 들어가면 온갖 반대를 무릅쓰고 환-달러 환율을 대폭 올려 수출할 수 있는 여건을 터놓았다. 또한 경지 정리, 관개 및 배수, 산림녹화, 도로·교량·댐 건설 등 국토 개발 사업을 대규모로 벌였다. 그해 4월에는 경제 개발 5개년 계획이 성안된다. 그러면서 전력을 중심으로 한 인프라 구축 사업을 의욕적으로 벌이는 걸 볼 수 있다. 그런데 불과 한두 달 후에 5·16쿠데타가 일어나는 바람에 이걸 평가하기가 아주 어렵게 돼 버렸다. 그러나 박정희 쿠데타 정권은 경제 제일주의, 국토 개발 사업, 경제 개발 5개년 계획은 그대로 이어받는다. 박정희 정권이 처음에 채택한 5개년 계획은 장면 정부 것을 그대로 베낀 것이라고 하지 않나. 글자 몇 자 수정해서.

민주화 운동,
한국에 생기를 불어넣다

— 뒤틀린 역사를 바로잡아야 한다는 목소리도 높지 않았나.

4월혁명 후 여러 언론에서 '반민주 행위자, 부정 축재자, 부정

1960년 4월 24일 4·19 희생자 합동 위령제에서 통곡하고 있는 희생자 가족들. 4월혁명은 우리 사회를 변모시키고 사회에 신선한 바람, 역동적인 힘을 부여하고 생기를 불어넣어 새 출발을 하게 만드는 데 중요한 역할을 했다. 사진 출처: e영상역사관

선거 원흉, 그리고 마산과 서울에서 또 부산과 광주에서 발포한 자들을 처벌해야 한다. 혁명 입법을 만들어야 한다'는 주장을 강하게 계속 편다. 결국 장면 정부에 와서야 헌법을 급속히 개정해 부정 선거 원흉, 부정 축재자 등을 처단하기 위한 혁명 입법을 만들어가지고 특별 검찰부, 특별 재판소도 설치하지 않나.

과거사 청산과 관련해 무엇보다 중요한 건 거창 양민 학살 사건을 신호로 해서, 제주 4·3 학살을 포함해 한국전쟁 전후 자행된 수많은 민간인 집단 학살 사건이 보도된 것이었다. 보통 많이 보도된 게 아니었다. 특히 영남일보 같은 지방 신문이 아주 많이 보도했다. 김구 암살, 조봉암 사건 같은 의혹 사건 문제가 연이어 터지고 장면 부통령 저격 사건 문제도 다시 불거지고 그랬다.

이와 같이 이승만 정권에서 너무나 큰 잘못을 저지른 것을 바로잡으려는 움직임, 그래서 새로운 출발을 하려는 움직임이 4월혁명 후 일어난다. 박정희 정권과 신군부 정권이 이를 저지해, 이 과거사 진상 규명 과제는 2000년대에 와서야 본격적으로 구체화된다고 볼 수 있다. 어쨌건 우리 역사에서 아주 소중한 의미를 갖는 것들이다.

　이처럼 4월혁명과 같은 민주화 운동은 썩어빠진 어제와 결별하고, 우리 사회를 변모시키고 사회에 신선한 바람, 역동적인 힘을 부여하고 생기를 불어넣어 새 출발을 하게 만드는 데 중요한 역할을 한다. 그런 점에서 4월혁명은 헌법 전문에 마땅히 들어갈 만큼 중요한 평가를 받을 수 있다.

나가는 말

1

역사를 살피다 보면 결정적 국면이라는 게 있음을 느끼게 됩니다. 커커이 쌓인 역사의 오물에 눌려 숨이 턱턱 막히고 사방이 온통 잿빛일 때 숨통을 탁 틔우며 새로운 가능성의 공간을 활짝 열어주는 시기도 그중 하나입니다. 20세기 한국사에서 그러한 결정적 국면으로 빼놓을 수 없는 것이 바로 4월혁명입니다. 끔찍한 학살과 갖가지 부정으로 얼룩진 이승만 정권의 극우 반공 독재를 무너뜨린 4월혁명은 그 후 군부 독재의 암흑 속에서도 그 빛을 잃지 않고 많은 사람에게 용기를 불어넣었습니다. 칠흑 같은 어둠이 내려앉은 바다에서 길 잃은 이들을 인도하는 희망의 등대처럼.

4월혁명은 제2의 해방으로 불립니다. 해방을 거저 얻은 것이 결코 아니듯, 제2의 해방 또한 아무런 노력 없이 어느 날 갑자기 손에 들어온 것이 전혀 아닙니다. 해방의 밑바탕에는 자유롭고 평등한 독립 국가를 꿈꾸며 35년간 일제와 맞서 싸운 이들의 피눈물이 있었던 것과 마찬가지로, 제2의 해방의 밑거름이 된 건 힘없는 사람들도 사람답게 살 수 있는 민주주의 국가를 만들기 위해 분투한 이들의 노력이었습니다. 그와 같은 도정에 삶을 바친 사람 중 한 명이 바로 조봉암입니다.

《서중석의 현대사 이야기》 3·4권은 해방을 거쳐 제2의 해방으로 나아가기 위해 목숨 걸고 분투한 이들의 이야기를 담았습니다. 오늘날 우리가 제한적으로나마 누리는 민주주의를 당연한 것으로 여기며 그냥 넘어가지 말고, 이들의 삶과 노력을 함께 기억하고 되새겼으면 하는 바람입니다. 제2의 해방 이전을 떠올리게 하는, 갑갑하기 그지없는 상태로 되돌리려는 일부 세력의 위험한 도발을 막아내고 누구나 인권을 누릴 수 있는 사회로 나아가기 위해서도 필요한 일입니다.

2

3·4권에 해당하는 인터뷰를 진행하고 연재 및 출간 원고 작업을 하는 동안 개인적으로 진정성 그리고 마음이라는 단어를 자주 떠올렸습니다. 때로는 생명까지 걸어야 했던 그 순간에 그 사람들은 어떤 생각을 하면서 그렇게 움직였을까 하는 물음을 여러 차례 던졌습니다.

예를 들면 이러한 것들입니다. '조봉암은 빨갱이'라는 식으로 아직까지도 강변하는 이들이 일각에 있긴 합니다만, 설익은 이념의 잣대부터 들이대지 말고 다음과 같은 물음들을 함께 생각해봤으면 합니다. 독립 그리고 가진 것 없는 사람들도 인간답게 살 수 있는 사회를 꿈꾸며 유라시아 대륙을 누빈 조봉암을 비롯한 식민지 조선의 청년들은 끝없이 밀려왔을 고난과 유혹의 순간순간 어떤 마음으로 그것과 맞섰을까요? 7년에 걸친 옥살이 끝에 40대에 감옥을 나설 때, 그리고 1945년 해방 소식을 형무소 안에서 들었을 때 조봉암의 머릿속엔 무엇이 떠올랐을까요? 일제는 물러갔지만 친일파는 오히려 날뛰고, 꿈에도 생각하지 않았을 분단이 현실로 다가온 기막힌 상황에서 5·10선거를 앞두고 양심과 대의에 충실하려 한 이들은 어떤 고민을 했을까요? 한국전쟁으로 잿더미가 된 나라에서 북진 통일이라는 허울로 다시 전면전을 부르대는 세력을 보며 사람들은 무엇을 느꼈을까요? 그런 사회에서 평화 통일과 피해 대중을 위한 정치를 실현하려다가 간첩이라는 누명을 쓰고 1959년 7월 31일 처형대에 선 조봉암의 마음은 어떠했을까요?

이와 같은 물음들은 조봉암이라는 특정한 개인의 삶을 넘어 제국주의, 해방, 분단, 전쟁, 독재가 이어진 격변 속에서 분투한 한국인 전반의 역정을 이해하는 데 도움이 될 것이라고 생각합니다. 아울러 한 사회에서 정치라는 것이 어떠해야 하는지를, 정치꾼 또는 정상배와는 차원이 다른 정치인다운 정치인이라면 어떠한 식견과 용기를 갖춰야 하는지를 생각하게 하는 물음들이기도 합니다.

4월혁명에서도 물음은 이어집니다. 1960년 2월 28일 대구를 시작으로 거리에 쏟아져 나온 전국의 고등학생들은 어떤 마음으로 그렇게 했을까요? 말도 안 되는 부정 선거가 자행된 3월 15일, 그리고 4월 11~13일에 거리를 가득 메우고 이승만 정권을 규탄하며 마산 시민들은 무엇을 생각했을까요? "주열이를 살려내라"는 피맺힌 절규에 담긴 어머니들의 마음을 '민족의 태양'이라는 낯간지러운 수식어가 따라붙던 최고 권력자가 제대로 헤아리기는 했을까요? 4·19 그날 떨쳐 일어선 대학생들, 그리고 "민족의 해방"을 이야기하며 거리에 나서 산화한 여중생 진영숙 같은 어린 학생들은 왜 그런 선택을 했을까요? 제자들의 의로운 죽음을 헛되이 하지 않으려 4월 25일 거리에 선 교수들, 그리고 "선생님, 비겁합니다"라고 따져 묻던 학생들에게 부끄러운 스승이 되지 않고자 4월혁명 직후 교원 노조를 결성하며 '이승만 정권 때처럼 살지는 않겠다'고 다짐한 교사들의 진정성을 과연 당시 위정자들은 이해할 수 있었을까요? 부정부패한 사회의 밑바닥에서 하루하루 견디다 참다못해 들고일어나 4월혁명 과정에서 앞장서 싸운 도시 하층민들의 신산한 삶은 이젠 그냥 잊혀도 상관없는 것일까요?

이러한 사람들의 마음을 한 번이라도 생각해본다면 '이승만의 건국 정신과 4월혁명 정신은 같다'는 등의 궤변을 늘어놓는 것이 얼마나 부끄러운 일인지 알 수 있을 것입니다. 민주주의의 기본을 요구하는 국민들에게 발포해 수백 명의 목숨을 앗아가고 그보다 훨씬 많은 사람을 부상자로 만든 정권, 그리고 국민들의 정당한 요구에 교묘하게 색깔을 덧칠하며 권력을 놓지 않으려 마지막까지 몸부림친 최고 권력자를 비호하겠다는 위험천만한 생각을 도대체 어떻게 할 수 있는 것일까요?

4월혁명은 부정 선거에 대한 항의를 넘어 이승만 정권에 대한 총체적인 평가였습니다. 1960년 4월 26일 민중이 거대한 이승만 동상을 부수고 끌어내린 것에서, 그리고 하야 소식에 덩실덩실 춤을 춘 것에서도 이 점은 상징적으로 드러납니다. 이처럼 명백한 진실을 거짓 선전으로 뒤집으려는 위험한 시도는 한국 사회를 제2의 해방 이전으로 뒷걸음질 치게 만들려는 행위와 다르지 않습니다. 매년 4월 19일을 정부 주도 기념식이 열리는 그저 그런 하루로만 여기는 대신 4월혁명에 삶을 바친 사람들을 제대로 기억하는 것은 그러한 위험한 시도를 막아내는 첫걸음일 것입니다. 그와 더불어, 4월혁명 시기에 부정 선거범보다 부정 축재자들이 더 욕을 먹었다는 사실은 '부정한 부富와 극심한 빈부 격차는 민주주의의 적'이라는 교훈을 떠올리게 합니다. 이는 오늘날 한국 현실과도 맞닿은 문제입니다.

3

어느새 다시 봄입니다. 《서중석의 현대사 이야기》 1·2권으로 독자 여러분께 인사를 드린 때가 지난해 봄인데, 그 사이에 1년이 지났네요. 연재 과정에서 충분히 다루지 못한 부분들을 보강하는 작업 등을 진행하는 과정에서 시간이 참 빠르게 갔습니다. 조만간 5·6권으로 다시 인사를 드리겠습니다. 연재에 관심을 보여준 언론 협동조합 프레시안 박인규 이사장과 연재 정리를 도와준 프레시안 후배 최하얀·서어리 기자, 그리고 작업 공간을 제공해주는 등 물심양면으로 지원해준 인문 기획 집단 문사철의 강응천 주간께 감사 인사를 전합니다.

2016년 3월
김덕련

서중석의 현대사 이야기 ❹

초판 1쇄 펴낸날	2016년 4월 5일
초판 3쇄 펴낸날	2024년 2월 1일
지은이	서중석·김덕련
펴낸이	박재영
편집	이정신·임세현·한의영
마케팅	신연경
디자인	조하늘
제작	제이오
펴낸곳	도서출판 오월의봄
주소	경기도 파주시 회동길 363-15 201호
등록	제406-2010-000111호
전화	070-7704-2131
팩스	0505-300-0518
이메일	maybook05@naver.com
트위터	@oohbom
블로그	blog.naver.com/maybook05
페이스북	facebook.com/maybook05
인스타그램	instagram.com/maybooks_05
ISBN	978-89-97889-94-5 04900
	978-89-97889-56-3 (세트)

만든 사람들

책임편집	박재영
디자인	조하늘